シリーズ「遺跡を学ぶ」153

西南戦争のリアル
田原坂

中原幹彦

新泉社

西南戦争のリアル
―田原坂―
中原幹彦

【目次】

編集委員
勅使河原彰（代表）
小野　昭
小野　正敏
石川日出志
小澤　毅
佐々木憲一

装　幀　新谷雅宣
本文図版　松澤利絵

第1章　西南戦争とは何か

1　近代国家確立の礎

熊本城は天下の大勢を決する

バシュッ。一発の重く湿った銃声がまわりの田畑を貫く。近くに山はないので、音はよくひろがる。ついで、二発目。

鹿児島を出発して一週間、熊本城の南八キロにある水運で栄えた川尻《かわしり》に着陣していた薩摩軍はいっせいに宿営から飛び出し、緊張は極限まで高まる。しかし、応砲はせず熊本鎮台下士官を捕虜にして情報を聞き出した、という。一八七七年（明治一〇）二月二一日水曜日未明、熊本城総攻撃の前日のことである。

熊本鎮台二個中隊三〇〇名は、薩摩軍六〇〇〇名に夜襲をかけた。これは『隈岡《くまおか》大尉陣中日誌』に「火煙が上がるのを見たら、直ちに突撃すべし。しかし、ただ襲撃するだけにして決して躊躇せず速やかに引き上げよ、との命令を受け」とあるように、少しだけ攻撃して敵の状況を知るための攻襲偵察であるとともに、熊本城に薩摩軍を引き付けるための作戦との見方もある。

薩摩軍の戦略は、政府の非を追及するため全軍陸路にて熊本を制し東京をめざすことで、その第一目標は熊本鎮台が置かれた熊本城であった（**図1**）。二月二二日の薩摩軍総攻撃からはじまった攻城戦は、三月初めには籠城一〇日間ほどになっていた。備蓄していた食料などは総攻撃前の二月一九日に本丸とともに燃え、残りは少ない。市中も焼け野原だ。籠城した士官と兵卒は約三三〇〇名、ほか

図1 ● 現在の熊本城
天守は城の象徴であり、もっとも重要な建物だった。天守の炎上は熊本の魂を奪い、人びとに怒号と号泣の悲壮な情景をもたらした（石光眞清『城下の人』）。

にも五〇〇名ほどがいる。このままでは多数の死傷者に加え、多くが飢えて戦闘を継続できなくなるのは明らかだった。

西日本の重要拠点であり、天下の安危にかかわる熊本城が落城でもすれば、全国に飛び火して動乱の世の中に逆戻りしてしまうかもしれない。明治新政府にとって熊本城の解放は一刻を争う至上命題であり、焦燥は大きかった。

このとき危惧されていたのは、全国約二六〇の旧藩のうち東北諸藩などの動向が不安定で大乱に発展する可能性であり、明治維新以来一〇年をかけて全国の人心の統一に腐心してきたことが、いっぺんに水泡に帰すことだった。

開戦前にはすでに山縣有朋《やまがたありとも》陸軍卿は熊本鎮台司令長官の谷干城《たにたてき》少将に「万死をもって熊本城を守れ」と命じ、谷司令長官も「本鎮台の存亡は西日本全体の行く末を左右する」と覚悟した。そのため、谷は城の象徴であり高く目立つ天守閣を燃やして不退転の決意を全国に伝え、万が一落城したとしても天守閣に薩摩軍の旗がなびくことがないようにしたのだった。

政府え尋問之筋有之

西南戦争とは、一八七七年（明治一〇）に旧薩摩藩士を中心とする士族が、明治新政府の専制的な政治に反対して南九州一帯で起こした国内最後の内戦で、明治維新の総仕上げであった。幕末から明治時代初期にかけての、元武士たちが抱える矛盾と歪みと憤懣の結晶が西南戦争であり、近代日本が内包する大きな関門となって、歩きはじめたばかりの明治新政府の前に立ちはだかった。

西南戦争は数百年つづいた武士の時代の終わりを告げ、言論と法治の近代国家確立の礎となった戦いとして、日本の歴史の大きな転換点に位置づけられる重要な戦争である。

幕末動乱期、戊辰戦争で多くの犠牲を払って新しい時代をつくったのは、武士たちだった。明治新政府は急速に近代化を進め、世の中の仕組みを大きく変えた。しかし、新政府は元武士たち士族を一部を除いて切り捨てる。すべての士族を養うことは発足したばかりで金のない新政府にとって経済的負担が大きく、また軍事力の担い手の問題もあった。征韓論や外交問題など内憂外患の課題が山積する時にあって、徴兵令、廃刀令、秩禄処分などの新政府の矢継ぎ早の内治政策や政治腐敗に士族たちは憂国の思いを募らせ、ついに西日本各地で決起する。「今般政府え尋問之筋有之」。そのなかで最大にして最後の戦いが西南戦争である。

薩摩軍は二月一四日（旧正月二日・水曜日）以降、鹿児島を陸続として星のように降る雪のなかを進発、東京をめざした。二月一九日、政府は鹿児島暴徒征討令を出し、七カ月後の九月二四日、鹿児島城山での西郷隆盛の自刃で西南戦争は幕を下ろした。

多大な犠牲

約七カ月におよぶ戦いは九州全域にひろがった。戦場となった熊本、大分、宮崎、鹿児島ばかりでなく、福岡には政府軍の後方支援基地、長崎には港湾のほか、臨時病院、臨時裁判所が設けられた。この戦いは小銃や大砲を主とする本格的な近代戦で、兵力、物量、資金力、情報伝達、物資輸送、海軍力、外国交渉力の点で勝る政府軍が勝利した。

動員兵力は薩摩軍約五万人、政府軍は全国から集められた約八万人で、合計約一三万人といわれているが諸説あり、その実数はいまだ不確定なままである。これらのうち薩摩軍と政府軍を合わせて約一万四〇〇〇人の近代日本の将来を担うはずの多くの壮年や若者たちが命を落とした。戦場や宿営地、物資の供給地になった地域では大勢の住民も甚大な被害を受け、後々まで禍根を残した。

銃砲は「西洋式銃砲の展覧会」といわれるほどの多種多様のものが使用され、小銃は一六種類以上、大砲は一〇種類以上があった（**図2**）。幕末期から多く使用されていた前装式のエンフィールド銃や、この銃を安価に発射効率のよい後装式に改造したスナイドル銃、同じく後装式で世界初のボルト・アクション銃のツンナール

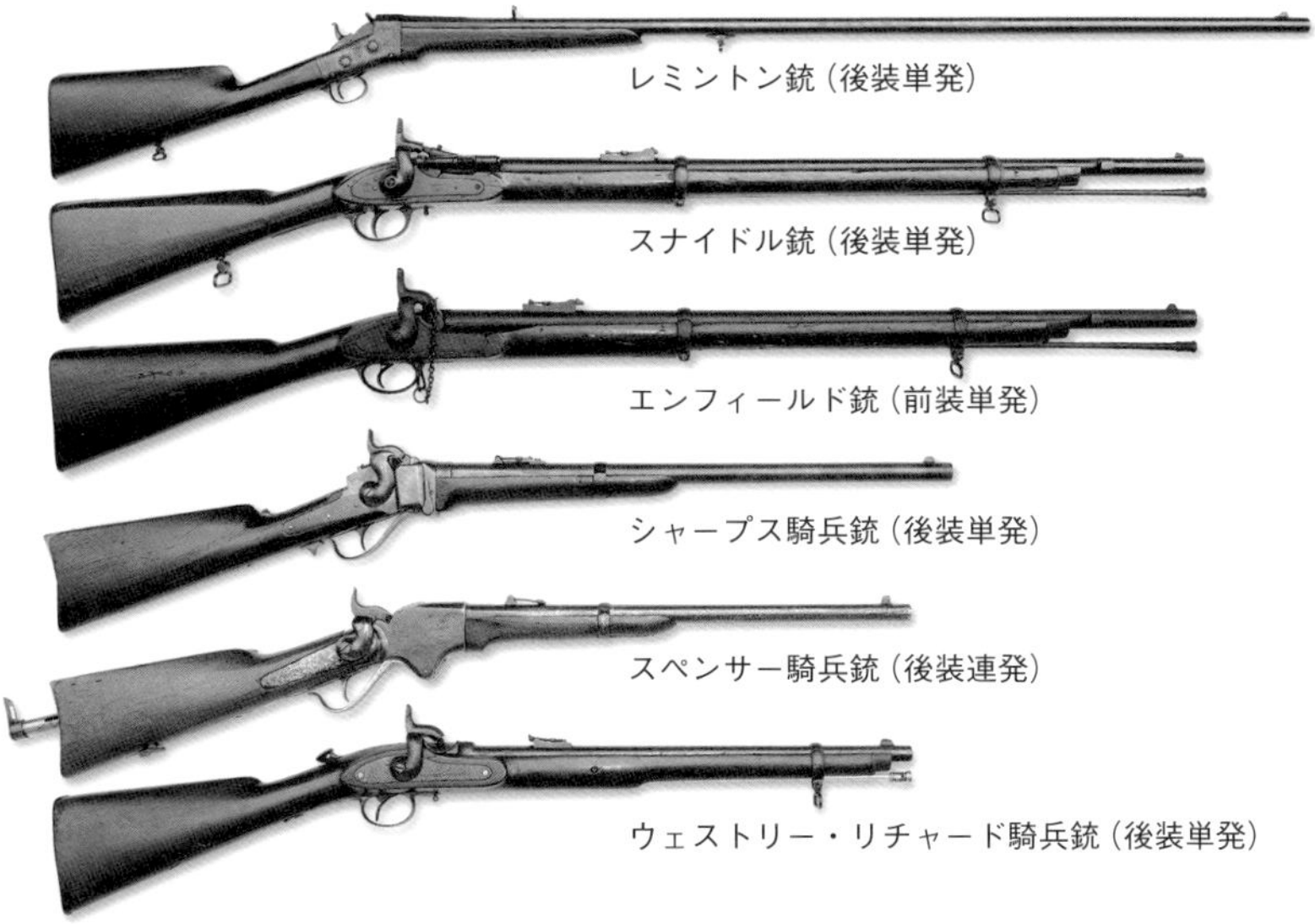

図2 ● 西南戦争で使用された多種類の小銃
おもにアメリカやイギリスの小銃が輸入された。小銃は専用の銃弾しか使用できず、多種類の小銃は戦場では不都合が多かった。これを契機に国産小銃開発の機運が高まり「村田銃」が生まれた。

銃、七連発のスペンサー銃、威力の強いシャープス銃などを両軍ともに使用した。

銃の性能が上がれば防御性能も上がり、距離も遠くなるので、銃身内側に弾道を安定させるための条溝（ライフリング）がない滑腔《かっくう》銃より、条溝がある施条《せじょう》銃のほうが銃弾の消費量は増加する。おもに使用されたのスナイドル銃は後装施条銃なので、発銃動作が早く消費弾薬量も増えるという。田原坂などの激戦地でのスナイドル銃の使用率は高く、小銃統一の意図が見える。大砲は四斤山砲《よんきんさんぽう》（**図３**）や一三ドイム臼砲《きゅうほう》、二〇ドイム臼砲がおもに使用された。この戦争における多種多様な銃砲が混在する状態は後の銃砲単一化への契機になった。

政府軍の戦費は総額四一五七万円で、国家予算の七割に匹敵する巨額

図３ ● 両軍ともに主用した四斤山砲とその砲弾
重量220kg、最大射程2600m、砲弾は重さ４kg。分解して運搬できるので、道路事情の悪い丘陵や山岳で多用された。砲弾の種類には榴弾、榴散弾、散弾の３種があった。

であった。追い打ちをかけるように戦後にはインフレが起こり、またコレラに感染した政府軍士卒が帰郷したことによりコレラが全国に蔓延し、死者は約八〇〇〇人にもおよんだ。

呼称について

「戦争」とは軍事史的には「近代以降の国家間の武力による闘争」を指すという。国語辞典の記述も同様である。本来ならば「西南戦役」または「西南役」と呼ぶべきと考えるが、本書では通例にしたがって「西南戦争」とする。

両軍の呼称もさまざまだが、これは西南戦争をどう理解するのかによって変わる。政府軍については、よく使用される「官軍」の意は「朝廷方の軍隊。政府方の軍隊。官兵」で、対語に「賊軍」がある。現在では「賊軍」を用いない以上、「官軍」も使用すべきではない。政府の軍隊なので、そのまま「政府軍」とする。

薩摩軍については「薩軍」、「西郷軍」、「私学校軍」などの呼称がある。薩摩軍は戦争中に目的や質が変化しており、一つの呼称でその実体をあらわすことはむずかしい。よって、旧薩摩藩士が主体という事実を重視し「薩摩軍」とよぶ。

また、「西南戦争」の英訳は「The Satsuma Rebellion」が多い。これは戦争当時に日本で英国公使館書記官だったマウンジーの同名書（一八七九年刊、邦題『薩摩反乱記』）をそのまま使用したもので、政府軍を官軍とよぶのと同じで、一方からの見方によるものである。西南戦争は内戦なので「Seinan Civil War」が適切である。

2　西南戦争の時期区分

西南戦争全体を理解する手段として、文献に記述された戦況の推移をもとに画期を設定し、戦争期間中の七カ月間を五期に区分する。西南戦争の遺跡と文献を結ぶ共通の土台とするためである。

時期区分することにより、戦場範囲の変遷、遺物遺構としての銃砲弾や陣地の種類や質と量の変化、兵員と物資の需要と供給などの具体的な情報を整理しやすくなり、その地域における遺物と遺構の出土予想も可能になる（表１・図４）。

早期（二月後半の約二週間）熊本県中北部の狭域での戦闘

早期は、二月一四日に薩摩軍が鹿児島を進発してから同月二七日の第三次高瀬《たかせ》の戦いまで、薩摩軍が優勢な時期である。しかし、天王山といわれる高瀬の戦いでの撤退をきっかけに攻勢から守勢に転じた。

熊本城攻防戦からはじまった西南戦争は、政府軍の熊本鎮台が寡勢で籠城戦に突入し、城を盾にもちこたえているあいだに、城を早く救援したい南下する政府軍と東京をめざして北上する薩摩軍とのあいだで、熊本県北部地域において戦闘が本格化した。戦闘範囲は限定的である。

このころの政府軍は散落する弾薬を拾い集めて急場をしのぐほど弾薬がつき、四面は薩摩軍にかこまれ、兵卒の疲労もはなはだしかった。加えて第二旅団長三好重臣《みよししげおみ》少将の負傷など、薩摩軍の猛威に怯えたが、一進一退の攻防の末かろうじて凌いだ。

　薩摩軍は鹿児島から持参した武器弾薬と政府軍から奪った武器弾薬を使用しており、士気の高さもあって戦いを優位に進めた。二二日の向坂《むこうざか》の戦いでは一四連隊を破って軍旗を奪い、二三日には連隊別働支隊に誘い込まれるように植木《うえき》から木葉《このは》に進み、戦闘では乃木少佐を川床《かわとこ》まで一三キロ敗走させるなど優勢に戦いを進め、高瀬を奪い南関《なんかん》を越え北方に出ようとした。しかし、高瀬の戦いで各部隊間の連絡不備、および政府軍の退路を断つ点や戦況を俯瞰する点で重要な緊要地の稲荷山を奪取できなかったことなどが重なり、失速した。

表1 ● 西南戦争の時期区分

時期	期間	特徴	経過	おもな戦場
早期	2月後半	熊本県中北部の狭域での戦闘	2月14日薩摩軍鹿児島進発、政府軍熊本鎮台第14連隊小倉発 ⇒ 19日賊徒征討令、西南戦争開戦、熊本城炎上 ⇒ 22日熊本城籠城戦開始 ⇒ 24日薩摩軍城北地域に進出 ⇒ 27日第3次高瀬の戦い	熊本城、向坂、木葉、高瀬
前期	3月～4月中旬	熊本県中北部の広域での戦闘	3月4日田原坂の戦い ⇒ 19日政府軍の衝背軍八代洲口に上陸 ⇒ 4月14日熊本城攻囲戦終了	山鹿口、田原坂、吉次峠、荻迫、木留、熊本城、菊池、阿蘇、八代
中期	4月下旬～6月	熊本県中南部・大分県南部地域での戦闘	4月20日城東会戦 ⇒ 5月水俣の戦い・竹田の戦い ⇒ 6月1日政府軍人吉占領 ⇒ 30日薩摩軍大口退去	熊本保田窪、健軍、御船、水俣、人吉、大口、鹿児島、竹田
後期	7月～8月中旬	大分県南部・宮崎県平野部での戦闘	7月豊後方面・宮崎方面の戦い ⇒ 8月16日薩摩軍の解隊布告	大分宮崎県境、都城、宮崎、高鍋、延岡、和田越
晩期	8月中旬～9月	宮崎・鹿児島両県での戦闘	8月18日可愛岳突破 ⇒ 9月1日鹿児島帰還 ⇒ 24日城山にて西郷自刃、西南戦争終結	宮崎可愛岳、鹿児島米倉、城山

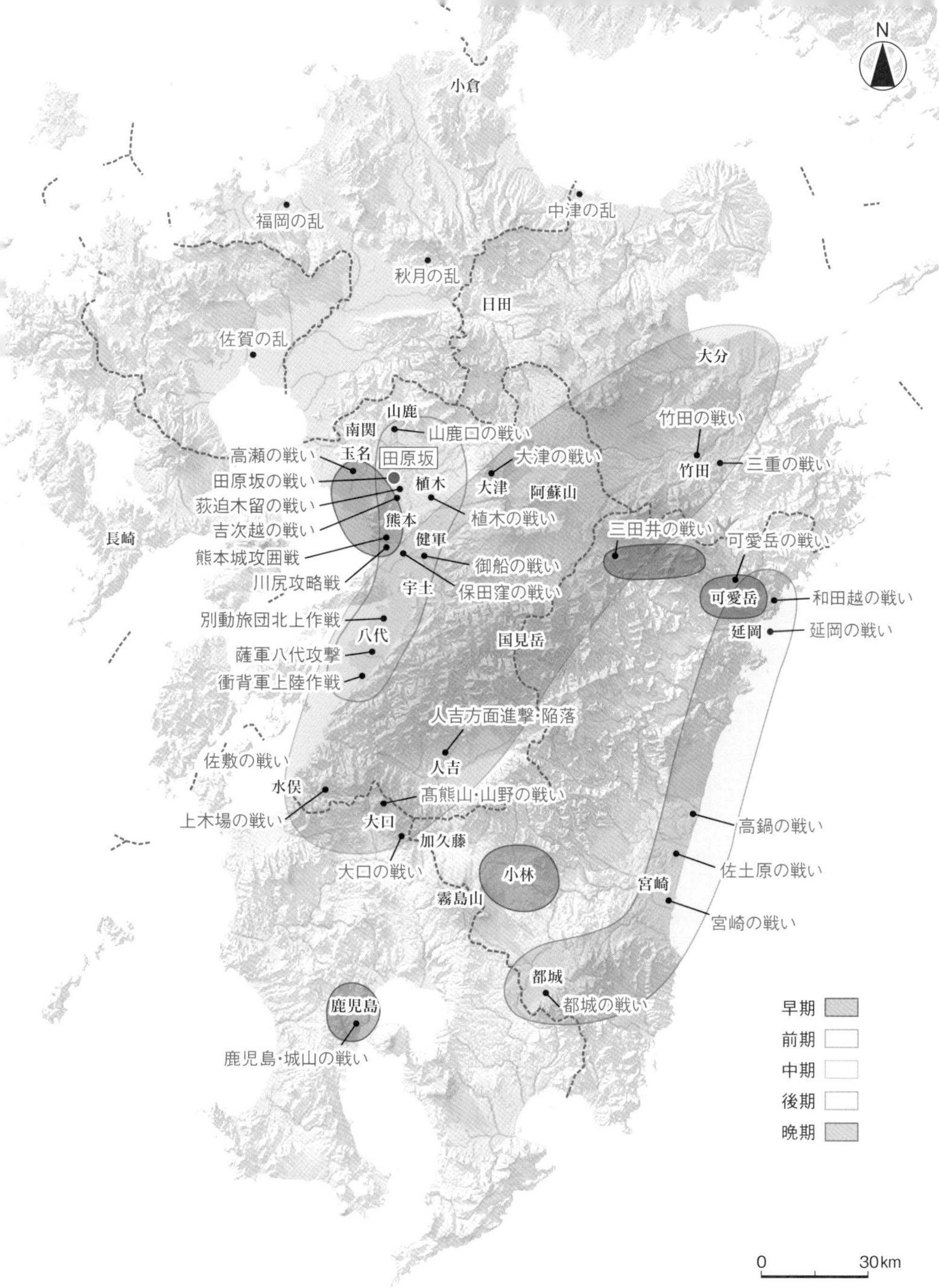

図4 ● 西南戦争のおもな戦跡と戦場の範囲の移り変わり
南九州各地が戦場になり、戦争の進行とともに戦場範囲は移動しながらひろがっていった。戦闘が終わった場所では、少しずつだが復興もはじまった。

前期（三月から四月中旬の約一カ月半）熊本県中北部の広域での戦闘

前期は、三月四日の田原坂の戦いから四月一四日の熊本城攻囲戦終了までで、熊本城への連絡路の要所である山鹿口《やまがくち》、田原坂、吉次峠《きちじとうげ》など主要街道上の各所で戦闘が本格化して激戦が連続し、戦闘範囲がひろくなった時期である。また、政府軍別働隊の衝背軍《しょうはいぐん》の八代《やつしろ》上陸作戦が功奏し、戦争の流れが政府軍に傾いた時期でもある。

守勢に転じた薩摩軍は増兵して反転攻勢を期するが、政府軍にも熊本城を背後から救援する増援部隊の衝背軍が送り込まれた。城北地域では、政府軍第一・二旅団は熊本城に連絡できなかったが、城南地域の衝背軍により薩摩軍は戦線の維持が困難になり挟撃をおそれて、ついに城の攻囲を解かざるを得なくなった。

熊本城を落とせなかった薩摩軍は目論見が外れ、全軍で陸路熊本を制して東京をめざすという戦略が崩れた。同時に西南戦争の意味もこの段階後から変質する。このころは、両軍とも武器弾薬が比較的供給されていた時期で、小銃は薩摩軍は種類が多いだけで、装備で劣ると一般にいわれるほど劣勢ではない。

中期（四月下旬から六月の約二カ月半）熊本県中南部・大分県南部地域での戦闘

中期は、四月二〇日の城東会戦から六月三〇日の薩摩軍大口《おおぐち》退去までで、政府軍が主導権を握って、戦争の帰趨が明らかになった時期である。

平地戦とともに山岳地帯での戦いが増え、戦争全期を通じて戦場はもっともひろがり戦闘は大規模になって、各地で激戦がくり広げられた。薩摩軍に味方した熊本隊の佐々友房《さっさともふさ》は『戦袍日記』で六月ごろを「戦線は肥後、薩摩、大隅、日向、豊後の五州にまたがり、その間は百数十里も長く連なり、山岳での戦いは何事もない暇な日はない」と記した。

薩摩軍は熊本城下をはじめ県北部地域を離れ、再北上と城への攻撃をねらって城の東部一帯（保田窪《ほたくぼ》、健軍《けんぐん》、御船《みふね》など）で城東会戦に臨み、政府軍は一日当たりでは最大の戦死者を出した。薩摩軍は場所によっては戦いを優位に進めるが、要衝の御船を突破され撤退した。

士官と兵卒の消耗は著しく、うちつづく戦闘に兵員減少、隊伍混乱、指揮も滞った。そして、当初の方針を変更し、峻険な山岳にかこまれた要害の地であり、旧藩時代から関係のあった熊本県南部の人吉《ひとよし》に拠って再起を企図した。政府軍が手薄な豊後方面にも、突出して戦況の打開を図った。

人吉陥落後も、薩摩軍の重要な補給地であり、本拠地鹿児島との補給路の要衝でもあった大口付近の戦闘は一カ月つづいた。しかしながら、首脳部の強い思いとは裏腹に、兵卒は疲弊し政府軍の帰順工作もあって集団投降が多かった（図5）。

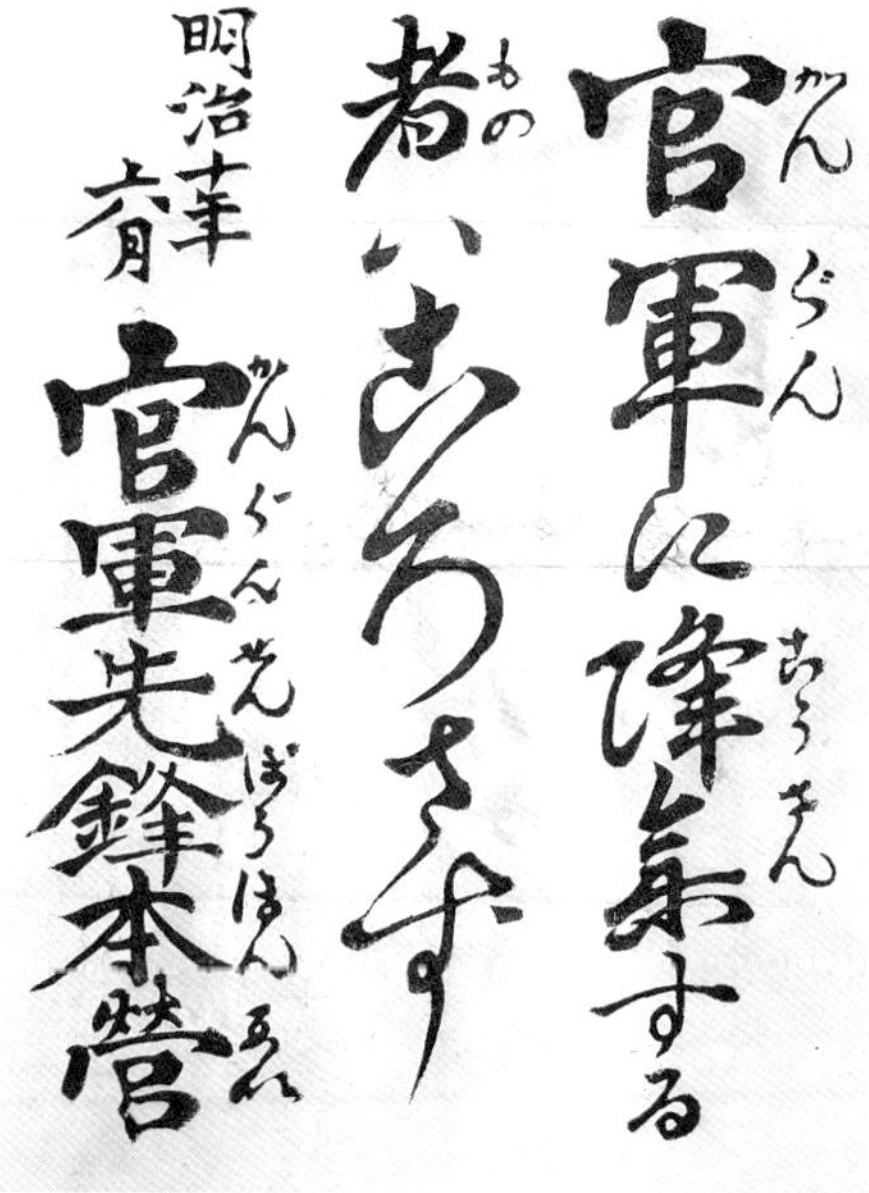

図5 ● 降伏勧告ビラ
「官軍に降参する者ハ古ろさず」 刷物で各地の高札場などに張り出されたという。このころには赤十字思想の博愛社は活動しており、明治政府は新しい時代の到来を博愛精神でアピールした。

後期（七月から八月中旬の約一カ月半）大分県南部・宮崎県平野部での戦闘

後期は、七月の豊後方面・宮崎方面の戦いから八月一六日の薩摩軍の解隊布告までで、戦争の構図が大きく変化し、雌雄が決した時期である。

大口退去、都城《みやこのじょう》陥落で薩摩軍の劣勢は鮮明となり、戦場もせばまり山岳戦が増えて、以降大規模な戦闘は影をひそめる。宮崎県南部から北部の延岡にかけての海沿いの地域の戦闘でも、薩摩軍は支えきれず北上をつづけた。その後、日向の長井《ながい》村で西郷隆盛の解隊布告により薩摩軍としては解散し、熊本隊などの薩摩軍とともに戦った党薩諸隊も降伏した。この後は西郷一行は私学校軍となり議論の末、鹿児島をめざす。

このころの薩摩軍は武器弾薬のほか、佐土原《さどわら》に軍票「西郷札」（図6）の製造所を設けたものの戦費、食料、医薬品の欠乏ははなはだしく、士気も大幅に下がり投降者も多かった。政府軍別働第二旅団の旅団附二個中隊二三一名（三三一名？）は降伏人で構成された部隊であった。

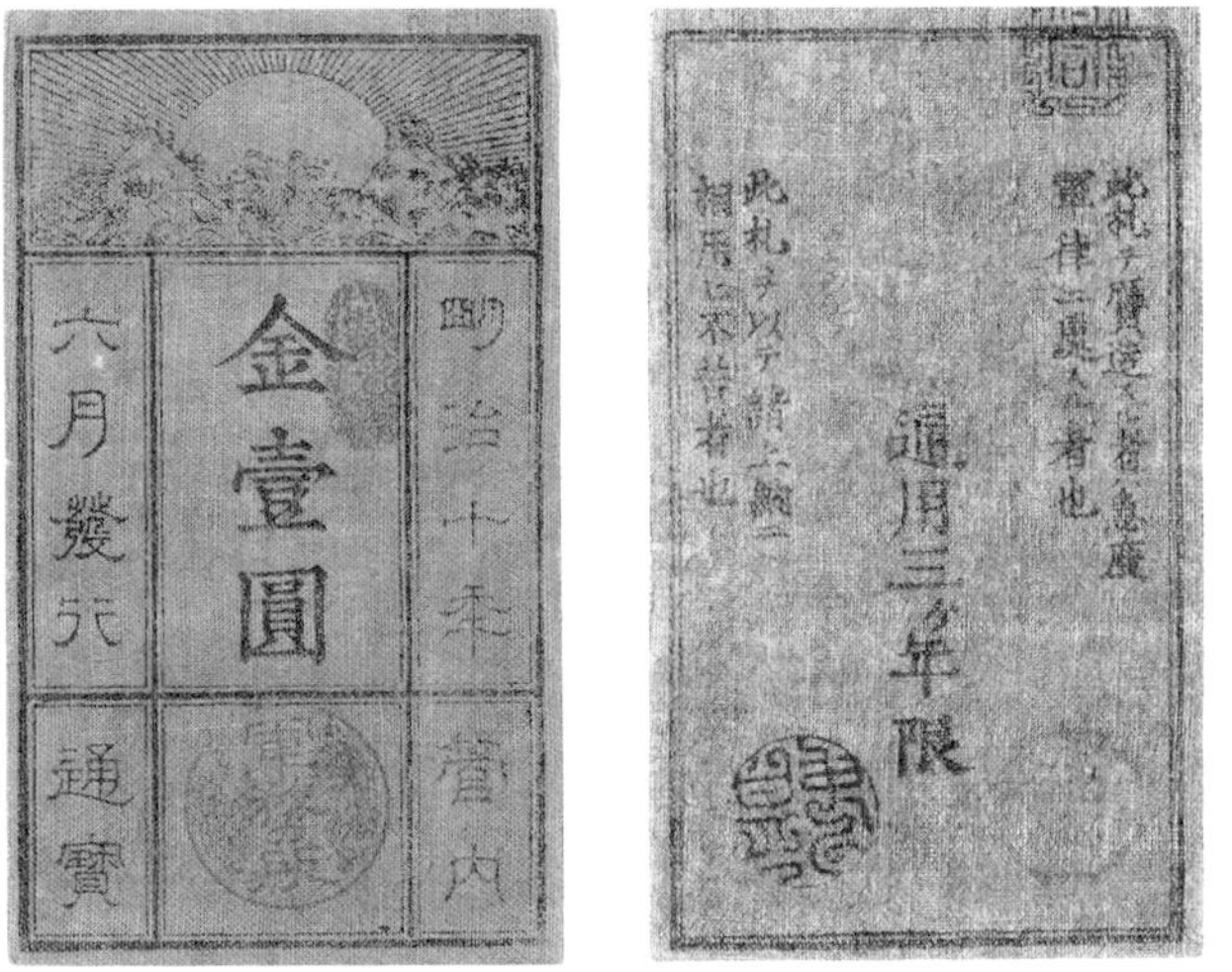

〈表〉　〈裏〉

図6 ● 西郷札
薩摩軍が深刻な戦費不足をまかなうため製造した軍票である。寒冷紗（かんれいしゃ）と和紙を張り合わせてつくられた。総発行高17万円、現在に換算すると数十億円にも上るものであった。松本清張のデビュー作『西郷札』のもとになった。

晩期（八月中旬から九月の約一カ月）宮崎・鹿児島両県での戦闘

晩期は、八月一八日に可愛岳《えのだけ》を突破してから九月二四日に城山《しろやま》にて西郷が自刃し西南戦争が終結するまでで、大勢は決しているが、私学校軍は数百名程度の規模となりながらも、あくまで戦って勝利する意思を捨てなかった時期である。政府軍はこの行軍を止めることはできず、鹿児島帰還を許した。戦場は限定的でひろがりをもたず、戦闘も局所的である。

政府軍の重囲を衝いて可愛岳を突破した西郷一行は、三田井《みたい》をへて山中行軍、南下して小林経由で鹿児島に入り、再起の檄に応じた士族らとともに、政府軍に襲いかかる。

九月二四日、城山では立て籠った西郷以下四〇〇名ほどに対して、政府軍は周囲に厳重な包囲網を構築したうえ、五万人もの兵員を動員して事に臨んだ。政府軍は最後まで薩摩軍を恐れ、全滅させようとしたのである。これに先立つ八月二一日から、第一回内国勧業博覧会が内務卿大久保利通の主導のもと東京上野公園で開催された。九州では戦争はつづいていたが、明治政府はもう西南戦争だけに注力しなくともよくなっていた。

3　西南戦争の遺跡

どんなところが遺跡なのか

西南戦争遺跡は有事の遺跡である。遺跡の所在地と範囲は関連施設などもふくめて戦争に直接かかわる場所が遺跡となる。

具体的には、戦場としては土地の表面や断面で視認できる塹壕《ざんごう》跡、銃弾や薬莢《やっきょう》などの遺物散布地、過去に発掘調査や耕作などで遺構遺物が確認された場所などである。さらに弾痕や銃弾が残る建物や石造物や石垣、銃砲弾を内蔵する樹木類が現生し、あるいは過去にそれらが伐採された場所など、地上に遺物が包蔵されるところも戦場遺跡である。ただし、小銃弾や砲弾は数百メートル以上飛ぶので、これらだけでは付近で戦いがあったことは推定できるが、出土地点が戦場とは限らない。

戦場ではないが、本営跡、弾薬製造地跡、病院跡、繃帯所《ほうたいしょ》跡、宿泊所跡、海軍上陸地点、港湾、輜重《しちょう》関連地、終戦直後の記念碑などもあって多岐にわたり、なかでも両軍の埋葬地はとくに重要な遺跡である。また、写真、記録、絵図などに記載され、現在の地名や地形、地図と合致する場所、西南戦争の伝聞や伝承がある場所も西南戦争遺跡である。

その特徴

戦争の舞台は陸上と海上だが、海上では痕跡が残らず、艦船同士の会戦もなかったので海底にも痕跡が残らない。遺跡はおもに陸上に形成される。陸上でも地下ばかりでなく、地上にも遺跡は分布する。この点は通常の遺跡とは大きく趣を異にする。

特徴の一つが遺構遺物ともに非常に脆弱なことである。戦場は現地表面とほぼ同じなので、落ち葉掻き程度でも人の手が入ると元位置が動いてしまう。土地を掘削して造る塹壕は別として、小銃弾などの遺物分布には致命的である。雷管《らいかん》は薄く弱いし、スナイドル銃弾の薬莢筒に

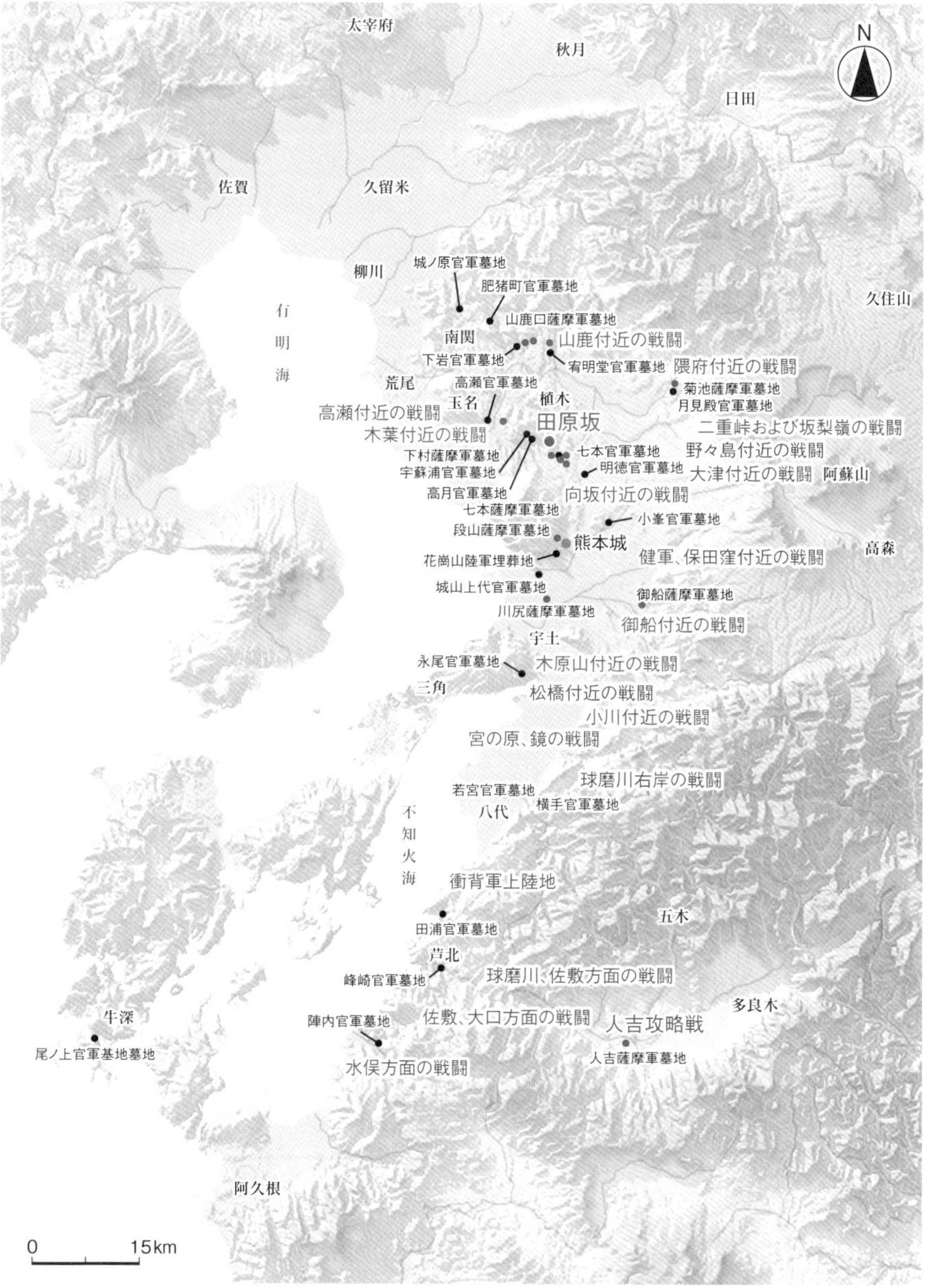

図7 ● 熊本県内のおもな西南戦争遺跡
熊本県は西南戦争の主戦場である。北から南まで急峻な山岳を除く平野部の多くの場所で戦闘がくり広げられた。

いたっては薄い真鍮板と外表紙でつくられ、腐食が進むと耕作などで簡単に壊れ霧散してしまい、強度のある薬底だけが残る。薬底だけの出土の場合は、元位置ではないことを考えておくことが必要である。

戦闘は時間が短い場合が多く陣地も臨時的応急的であり、遺跡形成時間が極端に短く、覆土が地山土と区別しがたく遺構と認定しにくいことがある。生活道具などの出土も少ない。戦闘は数時間から数日で、野戦においては田原坂一帯のように一七日間も戦闘がつづくところは少ない。

地形的にも制約が少ない。街道、集落、低地、丘陵、山岳など人が通行できる場所であれば、戦場になり遺跡が形成される。戦場は九州の限られた地域にのみ所在し、場所は限定的ながら広範囲におよび、南九州で両軍が交戦した場所は戦場であり遺跡である。田原坂では田原坂西南戦争資料館から見える範囲はすべて戦場で、戦争遺跡である。

そして、一般的に遺構遺物の純粋性は高い。国内最後の内戦で、戦場もその戦闘の時だけであり文献から日時も推定できる。兵器も進歩し、その後は同様の銃砲弾は国内の実戦では使用されていないので、出土銃砲弾などは西南戦争時の遺物とほぼ特定できる。

調査が進む西南戦争遺跡

西南戦争遺跡の調査は各地で進められており、ここでは主として熊本や田原坂にかかわる調査例を挙げる（図7）。

早期〜前期　二月〜四月中旬

もっとも重要な西南戦争遺跡である熊本城。本丸御殿跡の調査では焼失建物炭化材、「熊本鎮臺本營之印」やS＆W拳銃、シャツボタンなどの軍服軍靴部品、帽子徽章、刀剣、水筒、陶磁器などが焼土中から塊となって出土した。まるでタイムカプセルのように、一八七七年（明治一〇）二月一九日の炎上時の姿そのままにパックされ、時が止まった状態での出土である。

本丸域南端の防御の要、飯田丸《いいだまる》の五階櫓《ごかいやぐら》跡では、砲台設置のためと思われる粘性で締まりの強い整地層が確認され、籠城中の両軍陣地の位置などを描いた『両軍配備図』と整合した。籠城軍遺物としてはエンフィールド未使用弾頭、スナイドル弾薬莢、スペンサー弾実包、摩擦管など、薩摩攻城軍遺物として四斤砲弾片、二〇ドイム臼砲弾片などがある。ほかにも飯田丸からはスナイドル未使用弾の塊や四斤砲弾の不発弾などが出土している（図８）。

墓地では、熊本県玉名市高瀬官軍墓地がある。高瀬官軍墓地は二月後半〜四月前半の高瀬、吉次峠、田原坂な

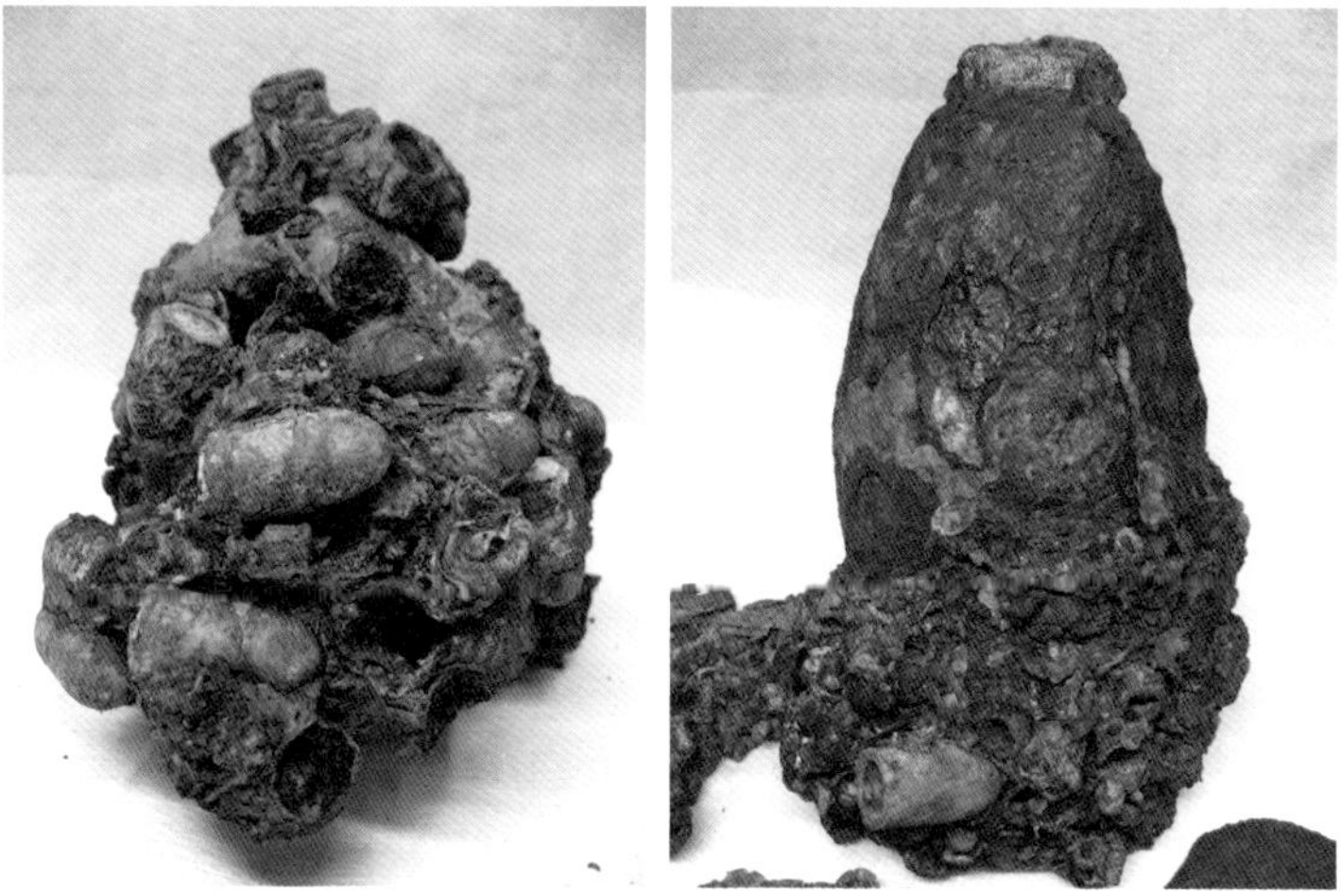

図８●熊本城出土の西南戦争遺物
飯田丸出土。籠城軍のスナイドル銃弾の不発弾の塊（左）と薩摩攻城軍発砲の四斤砲弾の不発弾（右）。不発弾は暴発の危険があるので、戦闘後の掃除の際に穴に遺棄された。

どでの陸軍と警視隊戦死者および高瀬病院死亡者など計三九五名を葬る。調査では墓壙が確認され、ボタン、エンフィールド銃弾のほか銃口栓や鉄製水筒の出土が目を引くが全体に遺物は少ない。これは、病衣で埋葬された病院死亡者がいることが理由であろう。

前期　三月〜四月中旬

田原坂西方の玉名郡玉東町《ぎょくとうまち》には、田原坂の戦いに直接かかわる戦跡が多く存在し(図9)、攻守一体の関係を把握できる戦跡として価値が高い。三月四日〜二〇日に設置された二俣瓜生田《ふたまたうりゅうだ》官軍砲台跡、二俣古閑《こが》官軍砲台跡では砲台の存在を示す摩擦管などが出土した。瓜生田砲台跡は標高九八メートル前後、同一一六メートルの三ノ坂まで距離一〇〇〇メートル。四斤山砲車の轍《わだち》跡、廃棄土坑などが確認され、野戦砲陣地の具体的状況の一端が判明したことは特筆される。古閑砲台跡は標高一〇二メートル、田原坂陥落のもとになった七本柿木《ななもとかきのき》台場、立花木《たちばなぎ》まで距離九〇〇メートルである。

横平山《よこひらやま》戦跡は二俣台地の南に位置する小山で、主として三月九日から一五日まで戦場になった。同台地に展開する政府軍にとっては背後になり、一方では東に谷を隔てた田原坂がある豊岡《とよおか》台地の薩摩軍陣地も見下ろすことができる枢要の地であるので、し烈な争奪戦がくり広げられた。調査では陣地遺構や多くの小銃弾、スナイドル弾薬莢、スペンサー弾薬莢、刀装具などが出土した。雷管はない。

半高山《はんこうやま》・吉次峠戦跡は主要道の吉次往還上の四月一日までの戦跡であり、調査された半高山の西側からは多くの小銃弾が出土し、薬莢や雷管などの発砲地点を示す火点遺物は主に山頂部や北方の横平山につづく旧道沿いで出土した。山頂部の近くには巨石が露出していて、胸壁として使用されている。同様の状況は田原坂にも伝えられており、構築陣地ばかりでなく　樹木や大岩などの自然物を弾除けとする戦闘の実態が浮き彫りになった。

植木町山頭《やまがしら》遺跡は四月六日と八日の、荻迫《おぎさこ》の戦いの戦闘遺跡の可能性が高い。両軍が直接銃火を交えたと推定される状況が、考古学的発掘調査で明確な遺構と遺物をともなって確認された国内初の遺跡である。第四次調査地は政府軍陣地跡、東方の第五次調査地は薩摩軍陣地跡で、両軍陣地間は五〇メートルほどである。調査では多種類銃器の使用が判明した。

本期では、ほかに鹿児島市滝ノ上火薬製造所、霧島市敷根《しきね》火薬製造所の調査がある。

前期～中期　三月～六月

八代市若宮《わかみや》官軍墓地は陸軍戦死者など三九〇名を葬る。士官軍衣や兵卒略衣のホックの出土墓は二割強程度であり、埋葬時の着衣状況はさまざまであったことがうかがわれる。同市の横手官軍墓地は警視隊等戦死者二七〇名を葬る。遺物にはシャツボタンが多く、制

図9 ● 高月官軍墓地（玉名郡玉東町）
田原坂や吉次峠の戦いなど戦争前期の政府軍戦死者980名を埋葬する。階級ごとに墓石の大きさが異なり、氏名、所属、戦死場所、出身地が刻んである。

服ボタンはあるがホックはない。また、出土人骨のなかで刀創と思しき切断痕が横手では顔面頭部五カ所、下半身四カ所計九カ所に受けた一体（図10）、若宮では五体がある。刀創は上半身に多く下半身は少なく、『明治九年熊本神風黨暴動創傷寫生圖』や『西南戦役戦傷寫生圖』に描かれた状況と合致する。

中期　四月下旬〜六月

四月二〇日の城東会戦の主戦場のひとつ熊本市健軍神社周辺では、境内と参道の伐採樹木からスナイドル銃弾が見つかっている。また、健軍神社周辺遺跡もある。

別働第三旅団の警視隊が主に従軍した五月の水俣の戦いに関しては、水俣西南戦争史研究会の精力的な活動がある。深川地区の飯森山《いいもりやま》、下村山《しもむらやま》城跡の険しい山岳での踏査でスナイドル弾薬莢、砲弾片などが採集されている。鹿児島県伊佐市大口の高熊山《たかくまやま》激戦地跡は、六月一四日に熊本隊が陣を築いた場所で、陣地跡や小銃弾、薬莢が出土した。

中期〜後期　五月〜八月

このころの大分県内の遺構と遺物については『西南戦争戦跡分布調査報告書』（大分県教育

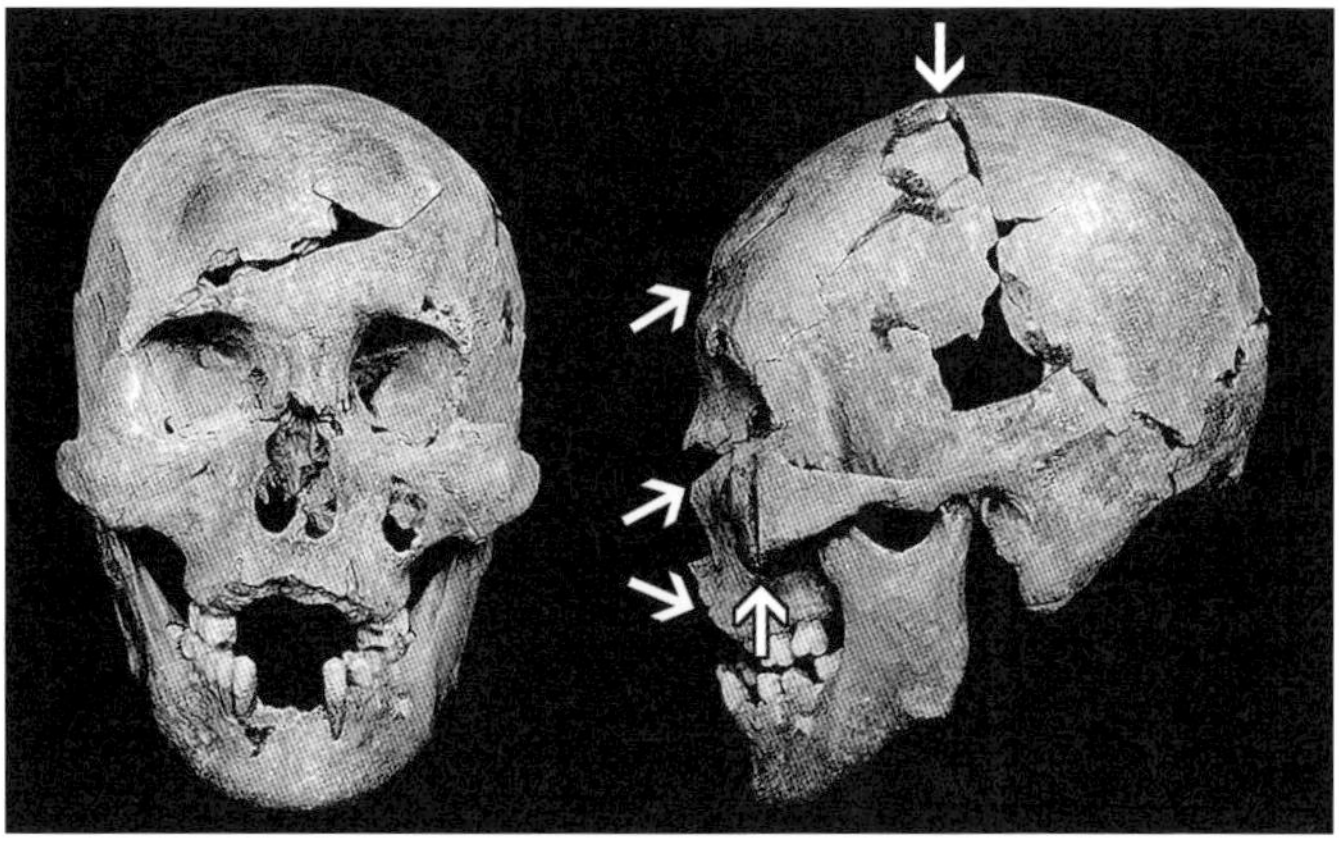

図10 ● 刀創のある頭骨（八代市横手官軍墓地出土）
矢印は損傷部。日本刀の斬痕と見られ、全身に9カ所ある。薩摩軍の示現流の遣い手たちと対峙した、士族の警視隊所属の人物だろう。

庁埋蔵文化財センター刊）などにくわしく記載がある。椎葉山《しいばやま》戦跡では鉛弾のほか錫鉛合金弾や青銅弾、薬莢、砲弾片が採集され、文献からは鉄弾使用や陣地には鹿柴木柵《ろくさいもくさく》があったことがわかり、山岳戦の実態と薩摩軍の窮状を知ることができる。なお、青銅弾は径が小さく銃種が異なる可能性がある。後期初頭では霧島市笠取《かさとり》戦跡があり、薩摩軍が六月三〇日の大口撤退後に都城への政府軍の進攻を防ぐために陣を敷いたとされる場所である。

晩期　八月中旬から九月

私学校のあった鹿児島市鶴丸城《つるまるじょう》周囲の石垣には多くの弾痕が残り（図11）、御楼門一帯の発掘調査では石垣に無数の弾痕や小銃弾、四斤砲弾片がめり込んだ状態で確認されている。また、昔は城山には薬莢がたくさん落ちている場所があったとの話を地元の方からうかがった。

以上のように、さまざまな西南戦争遺跡があるが、もうひとつ重要な視点は中世山城跡との関連である。鎌倉武士の正当な後継者を自負する薩摩士族が、中世の山城跡を再利用して、あるいは手本にして陣地を築くことは十分に考えられる。田原坂などの西南戦争遺跡を地形的に理解しようとする場合、この視点は大きな意味をもつ。

図11 ● 私学校跡の石塀に残る弾痕
私学校は鶴丸城の御厩にあった。西郷隆盛は背後の城山におり、最前線の私学校や旧本丸に立てこもる薩摩軍に対して、政府軍は南側から容赦なく銃砲弾を浴びせかけた。

第2章　最大の激戦地、田原坂

1　熊本城救援の道

三本のルート

近世の大名領国は軍事体制国家であり、街道は政治的経済的性格のみならず、軍事的性格を必ずもっているとの指摘がある。長い戦《いくさ》のない時代のなかで軍事的意識は希薄になったが、幕末維新の動乱以降、街道や往還はその軍事的性格をふたたび顕わすようになる。

政府軍は熊本福岡境の豊前街道上の南関に本営を置き、薩摩軍は吉次往還上の木留に城北方面の本営を置いた。二カ所とも交通の要衝、四通八達の地である。多くの兵員や武器弾薬、物資などを運ぶことができる主要道の確保は、戦略上の重要命題である。

熊本城救援を急ぐ政府軍が、小倉や博多から陸路南下して城を目指すにはいくつかのルートがあるが、熊本県内では南関本営からむかうには主要道が三本ある（図12）。北から順に、一本目は東行し山鹿と植木を経由して熊本に至る豊前街道、二本目は南行し玉名高瀬から木葉と田原坂を越え植木に出る高瀬往還と三池往還（豊前街道の高瀬道）、三本目は高瀬から南東にむかう吉次峠と木留《きとめ》、大窪《おおくぼ》を通る吉次往還である。南関熊本間の距離は、豊前街道、高瀬三池往還、吉次往還のどれを利用しても約四〇〜四二キロで大差ない。この三本の主要道上の山鹿口、田原坂、吉次峠はいずれもが激戦地になった。

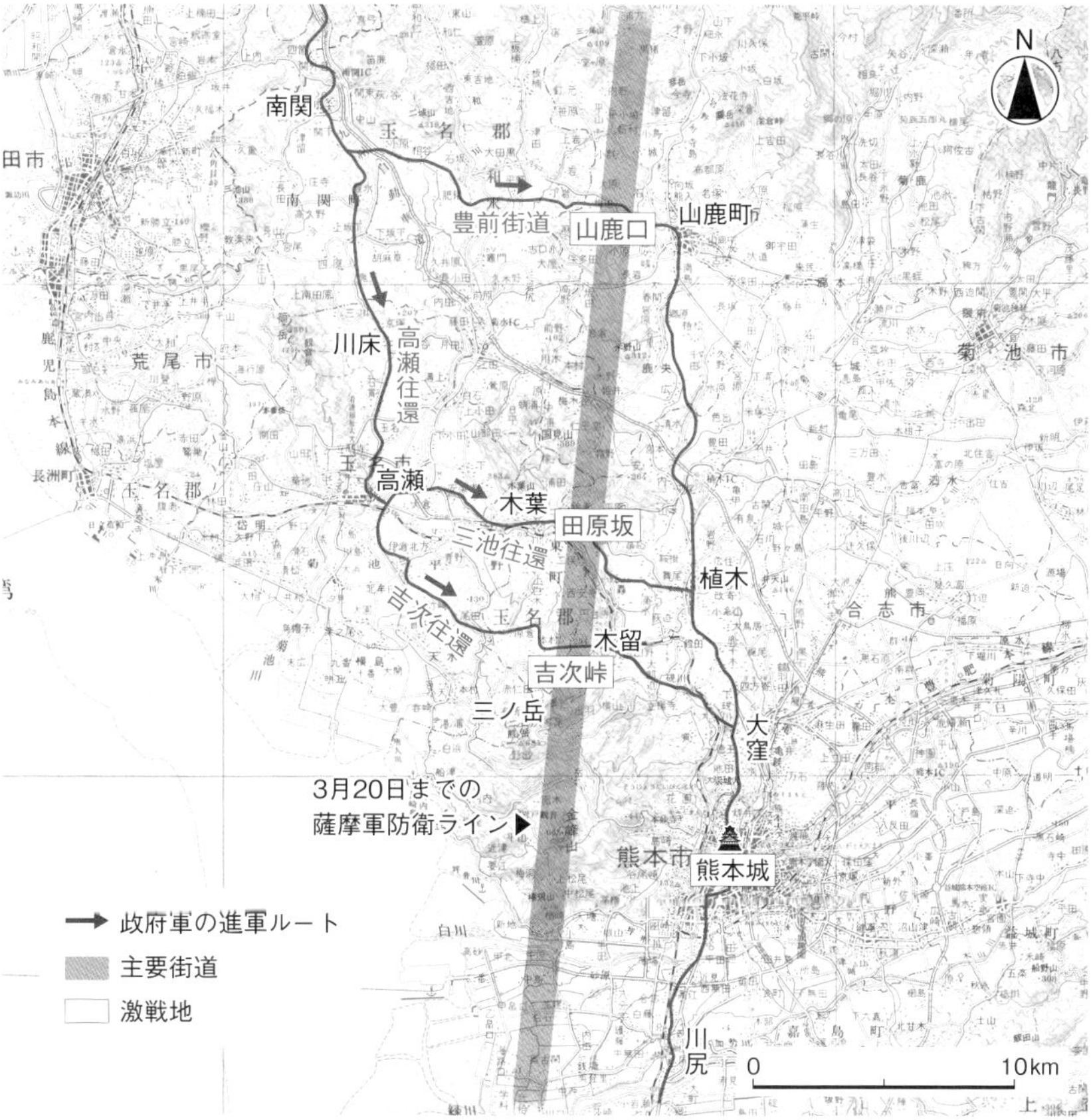

図12 ● 主要街道の道程と薩摩軍の防衛ライン
主要街道は大きく見ると直線的な経路である。薩摩軍はこれらを見事に一刀両断にした。軍事上の拠点の見極めには、山鹿口では熊本協同隊、田原坂と吉次峠では熊本隊が助太刀したのかもしれない。

主要街道の道程

豊前街道

旧参勤交代道で、随行藩士など五、六〇〇人が通行したと考えられており、政府軍で一個大隊七〇〇名ほど、薩摩軍で三個小隊六〇〇名ほどを通すのにちょうどよい規模である。道幅は広いところで約八メートル、三池往還の倍である。しかし、政府軍は南関から豊前街道を通らずに高瀬往還を下った。これには、豊前街道に急行必須の行軍上の問題があったのが理由と考えられる。

やや古い記録だが、一六五一年（慶安四）の『御帳之扣《ごちょうのひかえ》』（略称）には道のり、川、坂についての記載がある。南関から山鹿までのあいだに川五本、坂一九カ所、山鹿から味取（植木北方約三キロ）までは川二本、坂五カ所、味取から鹿子木までは川はなく坂二カ所、鹿子木から熊本までは川も坂もない。記載されている坂は、現地で実際に歩いてみるといずれも急坂であり、これ以外にも緩やかな坂道は多くある（**図13**）。

豊前街道は「明治三三年陸地測量部地図」では破線や細線で表現される部分があり、高瀬三池往還の太線とは対照的である。これは明治後期にはすでに主要道ではなくなっていることを示している。

高瀬三池往還

江戸時代後期、薩摩藩へたびたび行き来した大坂商人高木善助の紀行文『薩陽往返記事《さつようおうへんきじ》』（一八二八年〔文政一一〕）には南関からの往路で「山鹿路は本道だが、ところどころに坂があり少し難路なので高瀬道を通った。（中略）川をすぎて木葉町へは一里半（六キロ）ほど、ここから岡山を登れば（田原坂のことか）、左手に阿蘇山が十三四里（五〇キロ）ほど隔てて見える。（中略）南関から高瀬への道は小坂を五つほど上下し、木葉町から植木までは小坂を二つほど上下した」とある。翌年の帰路では山鹿路を通り「坂がいくつもあって歩きにくい。しかし、道は広い」と記した。

実際に通ってみると、南関から高瀬までは坂が少なく比較的平坦な道で、高瀬から木葉までも同様である。田原坂で台地上に上がり、植木を過ぎて向坂を越えればいわゆる凹道の、上り下りの少ない道が熊本までつづく経路である。

吉次往還

高瀬からは伊倉《いくら》、原倉《はらくら》、立岩《たていわ》をとおり難所の吉次峠を越えねばならず、道幅も狭い。通ってみると大きく暗くて深

図13 ● 植木北方の三十六付近の豊前街道
前日の熊本城総攻撃から方針転換した薩摩軍は城下を離れ、もう一つの重要地の山鹿にむかう。2月24日に桐野利秋たちが駆け抜けたであろうこの場所は、昔日の面影を色濃く残し、馬のいななきと軍勢の足音が聞こえてくるようだ。

い山ふところの中に迷い込んでいくような感覚がある。だが、重要路であり佐々友房をはじめとする地元の熊本隊は「城北面第一ノ戦線」で、この険を棄て敵が熊本城に入ったらたとえ一〇〇人の西郷がいてもどうすることもできないとして二月二六日には死守する覚悟を決め、道端の楠を削り「敵愾隊悉死此樹下」と墨書したと伝わる。

政府軍は三月三日の戦いでは抜くことができずここを地獄峠とよび、田原坂陥落後の四月一日になってようやく半高山を占領した。吉次峠の現地に立つと左に半高山、右に三ノ岳につづく尾根の間の凹部を通る一筋の道で、両高地からの弾丸雨注では「尋常兵力ノ能ク陥ルヽ所ニ非ズ」で、ここを突破するなど絵空事のように思える。吉次の険は田原の険より険しい（**図14**）。

図14 ● 吉次の険

地獄峠と恐れられた吉次峠を政府軍目線で西から見る。左が半高山、右が三ノ岳につづく急峻な尾根筋。付近には現在でも巨岩が点在し、当時の戦いの様子が想像できる。

急行シテ城ニ入ル可シ

薩摩軍が熊本に大挙来るとの情報がもたらされると、熊本鎮台司令長官谷干城少将は小倉営所の第十四連隊に熊本城に大至急入るよう再三にわたって命を下した。だが、両軍が鹿児島と小倉を出発した二月一四日は大雪で、寒威は猛烈、手足は凍りつき、艱難辛苦は度を越した。その後雪は止むが、日差しで雪は解け道路はぬかるみとなって、両軍ともに行進は大いに遅滞した。政府軍の足元は靴から草鞋に履き替え、歩きやすくなったものの足元の凍えはよりきつい。薩摩軍でも凍傷者が続出して、即製の妙薬馬油はすぐに底をついた。

一九日に政府軍の小倉連隊第一大隊左半隊約三三〇名は、南関から高瀬をへて連日強歩し、疲労がはなはだしいので、馬と車も使ってなんとか熊本城に入った。二〇日は「全隊路ヲ高瀬ニ取リ、急行シテ城ニ入ル可シ」と諸隊の行進を命じられるも、二一日には久留米以南の兵は、連日の急行強歩のために足を痛めないものはいない、という状況であった。

薩摩軍が熊本に到着する前に、疲労困憊の多数の士官と兵卒を急いで熊本城に入れ、落城という最悪の事態を回避するために、急行可能な街道が選択されたのは当然であった。三月九日の戦報に「山鹿道と吉次峠越えは熊本まで数十カ所の難所があり、田原道は田原坂さえ抜けば、熊本城まで向坂の険一つあるばかりである。ぜひとも田原口から進撃するほかはない」とあるように、高瀬三池往還が選ばれ、そして、田原坂で激戦がくり広げられたのである。

2　田原坂の戦い

田原坂は薩摩軍防衛ラインの要

田原坂の戦いは広義の熊本城攻防戦の一環で、山鹿口、吉次峠とともに城への連絡路の確保とその阻止の戦いである。三月四日から二〇日までの一七日間にもおよび、範囲は田原坂本道一帯ばかりではなく、周辺も含めた広域にわたる（図22参照）。

早い段階で政府軍も田原坂の重要性は認識していた。二月二六日、第二次玉名高瀬の戦いの時、熊本鎮台第十四連隊第二大隊第三中隊と第三大隊第三中隊は田原坂上に見張りの警戒線を敷き、この地を一度手放してしまうと二度と占有できない重要地点であるとして、十四連隊が独立して守って翌日の進撃の先鋒たらんと請うた。しかし、三好少将の厳命でやむなく撤退する。

薩摩軍は二月二一日昼に熊本城東端で銃火を交え、二二日と二三日には城を総攻撃するも落とせず、強攻策から少数で城のまわりをとり囲む持久戦へと切り替え、主力を北上させて南下する政府軍と熊本県北地域で激突する。しかし、高瀬の戦いで形勢は逆転する。

この後、薩摩軍は山鹿口、田原坂、吉次峠、有明海にいたる南北総延長三〇キロにもおよぶ防衛ラインを構築し、政府軍入城の阻止を企図した。これは熊本城の西側を封鎖するもので、北西から来て急進したい政府軍は城北地域で足止めを食らい、戦線は膠着状態に陥る。田原坂は薩摩軍の防衛ライン中央で、右翼の山鹿口、左翼の吉次峠とともに最重要地であった（図

12）。

もし、田原坂が抜ければ山鹿から有明海にいたる防衛ラインの中央に穴があき、右翼の山鹿口、左翼の吉次峠が孤立して戦線維持が困難になる。熊本城に連絡されてしまうと、城を落として東京を目指すという戦略が大きく崩れ、当初の目的が果たせなくなる。田原坂の戦いでは、薩摩軍は必死にならざるを得なかったのである。

激闘の田原坂

政府軍は高瀬の戦いの後、本軍と支軍で田原坂の三池往還と吉次峠のある吉次往還の二道併進作戦を決行した。しかし、田原坂と吉次峠の両方を一度に抜くのは困難、山鹿口も同様であることが明らかとなり、政府軍は田原坂に兵力を集中し

図15 ● 田原坂全景
北方の鈴麦から田原坂本道を見る。中央建物から左上にゆるやかにカーブしながら登るのが田原坂本道である。近くには豊岡の眼鏡橋がある。低地の田畑や一ノ坂と二ノ坂周辺は視界がきくが、坂上の薩摩軍が陣を構える三ノ坂や台地上は樹木におおわれて見えない。

た。戦いは「西南戦争中の最大の激戦」で、「両軍の死傷者は非常に多く、戦いの激しさは我が国の歴史の中で、未だかつて見たことがないほどである」と陸軍の公式記録である一八八七年（明治二〇）の『征西戦記稿』に表現されている（図15）。

田原坂の戦いで政府軍はのべ最大約八万名を動員し、死傷者は約三〇〇〇名、戦死者は約一七〇〇名で、政府軍全戦死者六八四三名の二五パーセントにも上り、一日あたり一〇〇名。医官も「死傷ノ多キニ驚キ怪ミ」茫然の状況だった。田原坂一帯には先鋒の第一、第二旅団のほか、三浦梧楼《ごろう》少将の第三旅団、大山巌《いわお》少将の別働隊や陸軍士官学校生徒までもが投入され兵員は複雑に入り交じった。対する薩摩軍の兵力は記録不詳で配置換えもあり、現状では具体的には不明だが、数千人規模と考えられる。

前出の『征西戦記稿』によると、政府軍の田原坂の戦い一七日間の消費弾薬数（砲弾含）は五四八万発、一日平均三二万二一五〇発とされる。城北地域での消費数（砲弾含）一九三一万発の三割弱、全消費数三三三一万発の二割弱が田原坂一カ所に集中しており（図16）、田原坂の戦いが西南戦争最大の激戦といわれる理由の一つである。また、全消費数の六割が、戦争期間七カ月のうちの城北地域の五〇日間で消費されており、一帯での戦闘がいかに激烈だったかを物語っている。

スナイドル銃弾（図18・19）は全消費数二七〇三万発で小銃弾全体数の八割以上を占め（図17）、主用銃弾であったことを示すとともに、発掘現場の出土状況とも合致する。政府軍は開戦前の三月二日、田原坂本軍約二三〇〇名に小銃弾一人一〇〇発携帯、第一予備各自二二〇〜

二三〇発、第二予備一〇万発の合計約八六万発を準備した。それでも、最前線では銃撃は昼夜を問わず間断なくつづき、弾薬が底をつく状況がたびたびであった。対する薩摩軍は無駄撃ちせず、政府軍一〇発に対し一発と銃弾を愛惜し、必要に応じて猛射したという。

このころ、政府軍首脳のスナイドル銃弾不足の不安は大きく、進攻作戦の変更が検討されるほど追い込まれたがなんとか踏みとどまり、節約と増産、海外からの輸入、エンフィールド銃との交換に努め、しだいに薩摩軍を圧倒していく。最終的にはスナイドル銃弾の受数に

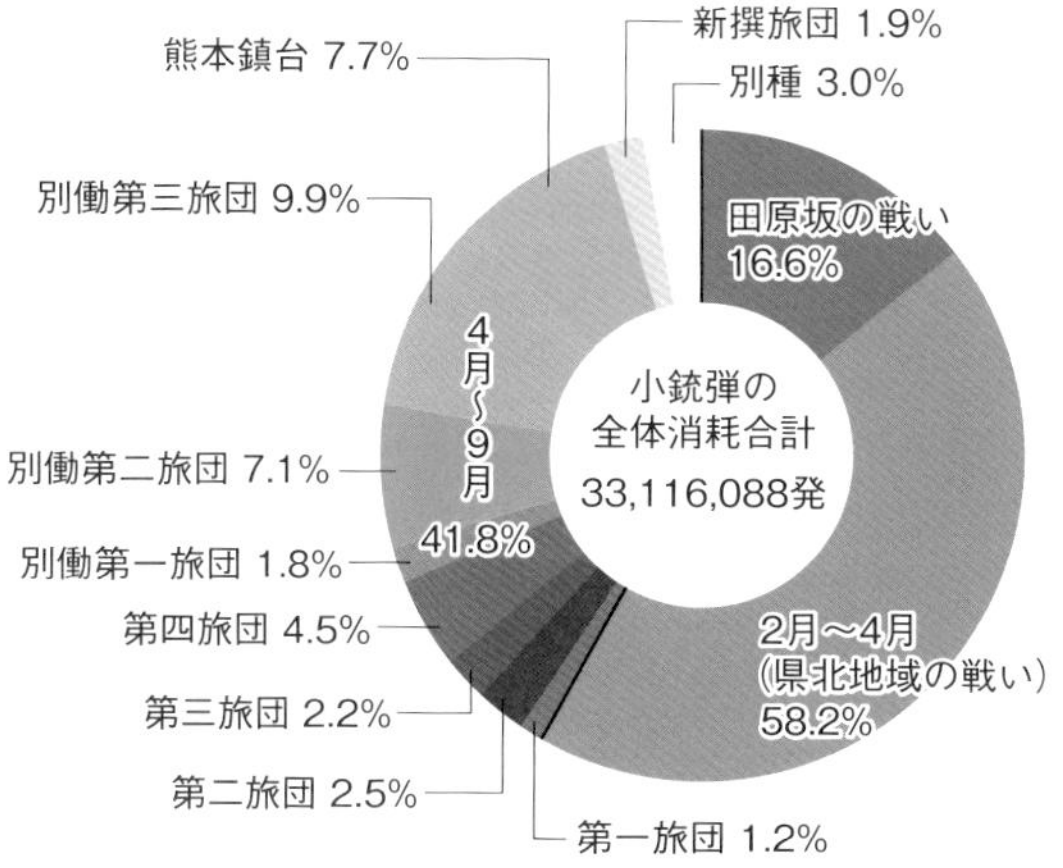

図16 ● 政府軍の田原坂の戦いにおける小銃弾の消耗割合
青系色が２月〜４月の熊本城連絡までの県北地域での先鋒第一・第二・第三旅団の消耗数。それ以外が４月〜９月の各旅団の消耗数。２月〜４月は旅団ごとの数が集計されておらず、先鋒旅団の混乱ぶりが見てとれる。

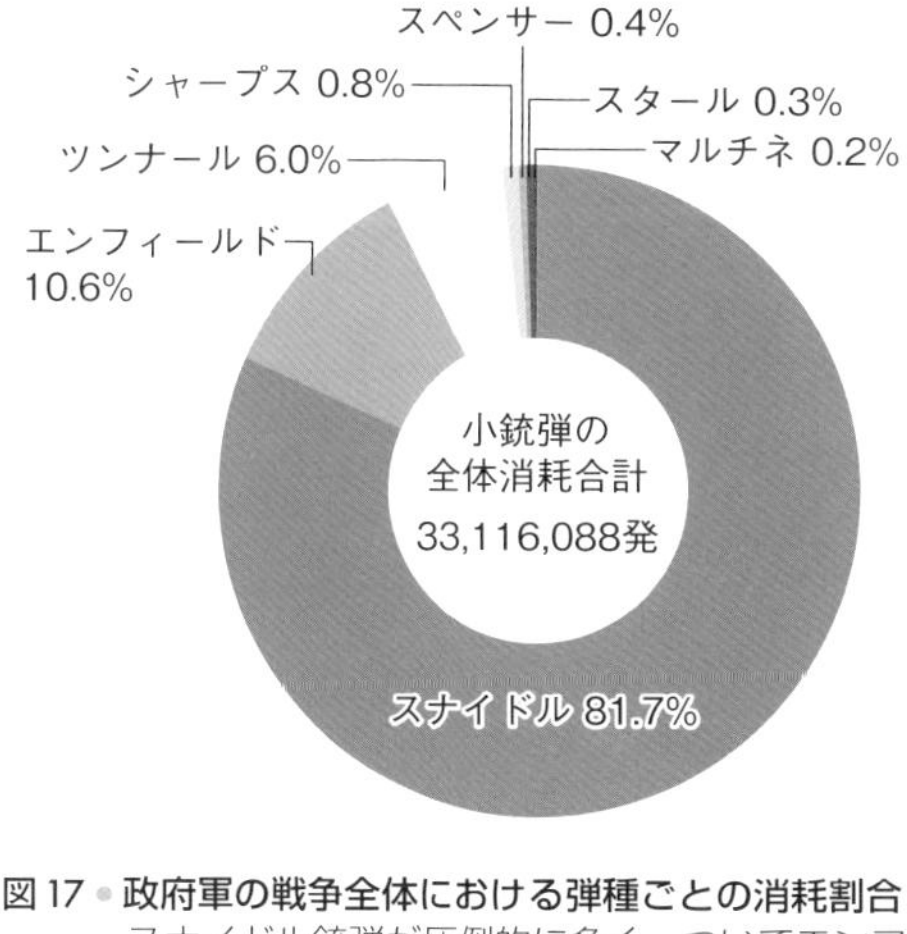

図17 ● 政府軍の戦争全体における弾種ごとの消耗割合
スナイドル銃弾が圧倒的に多く、ついでエンフィールド銃弾で、戦争期間を通じてこの２銃が主用されていたことがわかる。ツンナール銃弾は別働第二旅団での使用が半数で、熊本県南部などの地域で使用されたのだろう。今後の出土が見込まれる。

対する消費率は八割弱、小銃弾全体では五割と約半分で、薩摩軍の弾薬欠乏に反して、結果的には余裕のある状態で終戦を迎えた。一方のエンフィールド銃は首脳部の考えとは裏腹に、その不利を熟知し、兵気阻喪を懸念する最前線では歓迎されず、最終的には二割弱にとどまっている。

戦後に明治政府が建てた西南戦争唯一の公的碑である崇烈碑《すうれつひ》には、「政府軍が田原坂を抜けず、薩摩軍が南関を破りさらに北上したならば、政府に不満を持つものが隙に乗じて立ち上がり、禍は測り知れなかった。しかしそうならなかったのは、実に田原坂の勝利による」とその意義を刻む。田原坂の戦いの直前には山縣・川村両参軍は「今日ノ勝敗ハ人心ノ向背ニ係ル」、

図18 ● 両軍が使用したスナイドル銃弾
長さ6cm、直径1.5cm、重さ50gほど。100発携帯だと5kgになる。左から順に初期型のパターンⅠから赤線があるマークⅨまで数種類があった。「不出来」なパターンⅠは、未使用弾として遺跡で出土する割合が高い。

図19 ● スナイドル銃弾の産地のちがい
左：Aタイプ英国製、右：Bタイプ推定国産。銃弾の右はシリコンゴムで型取りした内型。英国文献にはBタイプの記載はないので、国産と判断した。国産の初期型は実包試験で不発弾の割合が高いが、次第に改良されていく。

戦いが始まってからも「軽進事ヲ誤ルヲ戒ム」として、慎重な姿勢を崩さなかったのはそうした危機感の表れである。

だが、結局、政府軍先鋒旅団は城北戦線を抜くことができず、熊本城解放は別働旅団衝背軍に先を越されてしまった。薩摩軍は田原坂の戦いでは屈したものの、城北地域全体としては守り抜いたのである。

文字が語る田原坂の状況

田原坂については、政府軍側の記録が多く、誇張した表現で実際とは異なっている部分があるが、よく特徴をとらえている。これらによると、激戦地になった理由は第一に地形にあり、次いで薩摩軍の将士が一丸となって決死の覚悟で守り抜く気魄があったことを挙げている。

政府軍トップの参軍山縣有朋は田原坂を視察して、「田原坂の険は両崖高く、道は凹道で屈曲しており登るに険しい。まさに『一夫之を守れば三軍も行くべからざる地勢』で、はじめこの程度の坂を攻めるのに、数千の兵が倒れ、一〇日以上かかっても抜けないのはおかしいと思っていたが、現地を視察して要害の地であることがよくわかった。薩摩軍もよく土地に応じて陣地を築き、必死に守っているので、苦戦するのもやむを得ない」と述べた。

第一旅団長野津鎮雄《しずお》少将は「田原坂前面ハ無比ノ要害」といい、田原坂が抜けないのは我々が弱いからでも薩摩軍が強いからでもなく、地形に理由があるとした。従軍記者の福地源一郎は「常に賊は高きに拠り、味方は低きに拠るの地勢なり」と報じ、『征討軍団記事』では「田原坂は険しい坂道でトンネルのようであり、細く曲がりくねった険しい山道で、兵略上守りやすく攻め難い地勢である。激しく攻めてもこの地形のために妨げられてしまう。薩摩軍は私学校党の精鋭をここに揃え死力を尽くし、堅固な陣地を両崖の十数か所に築いた。日夜攻撃し迂回兵を用いたが、天険に拠って守りが最も固い。ために戦争期間中で戦死傷者が最も多いのは田原口である」と記す。

警視隊の記録である『西南戦闘日注並附録』でも「この街道は加藤清正の遺蹟と言われ、凹道なので守るに利があり攻めるに利がない」とし、『征西戦記稿』では「田原坂は外が高く内側が低い凹字形で、坂は険しく加えて上り下りの曲折があり、坂の左右は断崖絶壁で低木が生い茂ってこれを覆い、うっそうとして昼でも暗く、まことに天険である。薩摩軍は重要地点に陣地を点々と夥しく連ねて築き、互いに連携して戦い、死を賭して要所を占めている」とした。一九〇九年（明治四二）の『西南記伝』では「田原坂は低地から高地に至る坂道で、必ずしも断崖絶壁の地ではなく、道が険しく通れないところがあるわけでもないが、守るに便にして攻めるに難しい地形である」と記した。

戦いの実際

田原坂の戦いは基本的に、政府軍は台地下から仰攻し、薩摩軍は台地上で俯瞰して反撃する構図である。薩摩軍は籠城していたわけではなく、その意識もなかった。政府軍が攻めてくれば防御を固め、後退すれば下って攻撃する。この繰り返しである。

政府軍は「飛弾霰集、進む者は必ず傷つき、退く者は必ず斃れる。一人も無事な者はいない」の状況で、地の利がなく苦戦を強いられたが、数に物を言わせじわじわと戦線を進めた。たびたび、台上の三池往還の間際まで迫り、あるいは出るも、一部隊が一塁をとっても援兵がつづかず、四方を囲まれて撤退し塁を奪い返され、一進一退の攻防がくり返された。この戦いは歩兵、砲兵、工兵の連携がなければ戦い抜くことはできず、とくに工兵の働きはもっと評価されるべきである。

戦いは連日連夜、早朝から日暮れまで絶え間なくつづき、夜襲もあり、両軍の士官と兵卒の疲労は極限にまで達する。政府軍兵卒の損耗は激しく、熊本鎮台第十四連隊第二大隊第四中隊では士官は尽き、兵員は一六四名から一八名に激減し、もはや中隊

図20 ● **洋式統一軍装と和洋混在軍装のちがい**
左は軍刀をもつ政府軍士官と小銃の兵卒、右は刀に手をかける薩摩軍兵卒と指揮旗をもつ士官。中央は当時の食料再現。記録によると、政府軍のほうが食料には恵まれていたようだ。ラッパにもちがいがあり、政府軍はフランス式、薩摩軍はイギリス式だった。

としての体をなさなくなっていた。他隊も同様な状況であった。薩摩軍の損耗も激しく、兵員補充の多寡が勝敗に直結した。また、田原坂では「その距離は二〇メートルの近くにあり」「両軍の銃口はほとんど接する」、横平山では「両軍の距離はわずかに五、六メートルにすぎない」などの記述があり、薩摩軍も「田原坂での決戦は距離が非常に近かった」といい、両軍ともに精神的負担は相当に大きかったと思われる（図20）。

『従征日記』には三月二〇日、田原坂陥落後の戦場の実際を「破裂弾にあたった者は五体が飛散するなど、筆舌に尽くしがたい極めて凄惨な状況であり、まるで演劇場の仮想を見ているようで、とても人間の現実世界とは思えない」とする。そして、わずか一〇〇メートルほどの溝に屍体が八〇体ほどもあったという。戦場はどこも同様な状況だったのだろう。

薩摩軍の戦い方

西南戦争は本格的な近代の銃砲戦だが、現場の最前線では前近代的な薩摩軍の抜刀攻撃が政府軍の兵卒の戦意喪失に効果絶大で、その場での勝ち以上の成果があった。日本刀は殺傷能力が高く、動作も素早く威力はすさまじい。薩摩軍は田原坂の戦い当初から、「銃を持っているものも少しはいるが、多くは刀をふるい忽然とあらわれて」攻撃を仕掛けた。百四五十名ごとに一群となっての集団抜刀攻撃に鎮台兵はなすすべなく、「毒鋒」「毒手」とよび銃弾を浴びせるしかなかった。銃砲戦たけなわの時にひそかに政府軍陣地に近づき、突如突入し抜刀乱撃することもたびたびだった。

白兵戦では鎮台兵はスナイドル銃に着剣して対抗したが、銃剣には刃がついておらず素手で握っても切れることはない。よって、薩摩兵は左手で銃剣をつかみ右手で片手なぐりに斬り込むため、鎮台兵は太刀打ちできない。その後、銃剣を研いで刃をつけ、兵卒の練度も上がったものの、薩摩軍の抜刀攻撃の効果は高かった。

幼い頃より日本刀での鍛錬を重ね、戦い方を叩き込まれた薩摩士族兵と、軍隊に入るまで銃や刀の扱い方を知らず、本格的な戦いの経験が少ない鎮台兵では、白兵戦、とくに日本刀の戦いで大きな差が出るのは当然だろう。大阪鎮台第九連隊兵は三月七日に行方不明者六六名、翌日帰還二八名。八日の薩摩兵の抜刀斬込では「多ク新来兵ニシテ是日始メテ戦ニ臨ミ、狼狽度ヲ失ス」で士官の叱咤制止も効なく守地を棄て退く状態となった。同様なことは他にも多々あった。

図21 ● 雨にかすむ豊岡台地を二俣瓜生田砲台から望む
3月撮影。中央の低地をはさんで、向う側、左の木立のなかを田原坂本道が通る。中央が二ノ坂から三ノ坂で、その奥に熊野座神社がある。付近は出入りの多い似たような樹枝状地形がつづいて見分けにくい。

薩摩兵の抜刀攻撃に対抗するため、政府軍では射撃の名手三五名で別働狙撃隊をつくり戦闘に投入したが、一週間でほぼ全滅した。その後にやむを得ず東京警視抜刀隊を編成し、ようやく戦況打開の糸口をつかむことができたのだった。

また、薩摩軍は政府軍士官を狙撃して指揮命令系統を遮断し、士気低下をもたらした。戦後の懲役人質問で元奇兵隊大隊長の野村忍介《おしすけ》は「士官ラシキ者ヲ狙フハアタリマイノコトナリ」と答えた。吉次峠では兵気は挫折し、三月八日には田原坂でも「我将校死傷頗ル多シ」で、この日を境に軍装が一変して士官は軍帽に布を巻いて徽章を隠し、外套は下士のものを用いるようになった。薩摩軍は地雷も使用するなど、戦いには長けていたが、根拠地鹿児島と同様に、田原坂だけをたのんで後方基地の植木町の警備は薄く、田原坂陥落後には備蓄していた食料や弾薬を多く失った。

消費弾薬増加の訳

近代戦の主力の砲撃では、着弾確認を繰り返しながら目標に近づき命中させる。このためには敵の所在確認がとくに重要で、土煙や焼家の煙は着弾地点の目印になる。しかし、雨の日に二俣砲台から田原坂方面を見ると、かすんでよく見えない（**図21**）。さらに一帯は樹木に覆われている。おそらく、攻撃の主力たる砲撃の戦果確認が困難なので、主体は歩兵となり小銃を多用するようになったと思われる。田原坂の戦いで小銃弾の消費が非常に多かったのは、兵卒の徒射ばかりでなく、雨天や樹木で視界が効かない状況とも大いに関係すると考えられる。

第3章　田原坂を掘る

1　さまざまな調査

田原坂の周辺地形

田原坂の春は寒い。田原坂がある豊岡台地の西側には、南北を木葉山や台地にはさまれた細長い低地が東西に横たわり、そこを通って西からの強い寒風が直接田原坂にぶつかる（図22）。この風の通り道を政薩両軍ともに駆け抜けた。調査でも西からの寒風にさらされて、政府軍に攻め立てられる薩摩軍の気持ちが少しだけわかったような気がした。

田原坂一帯は、西流して菊池川《きくちがわ》にそそぐ中谷川《なかたにがわ》や木葉川と多くの浸食谷によって開析された小丘が多いところで、豊岡台地（図23）と西の二俣台地が主戦場になった。豊岡台地には薩摩軍が陣地をかまえ、二俣台地には政府軍の陣地があった。田原坂本道が通る豊岡台地の北西側はほかより傾斜がゆるいが、台地全体としては、とくに北半部は高低差があり、樹枝状に出入

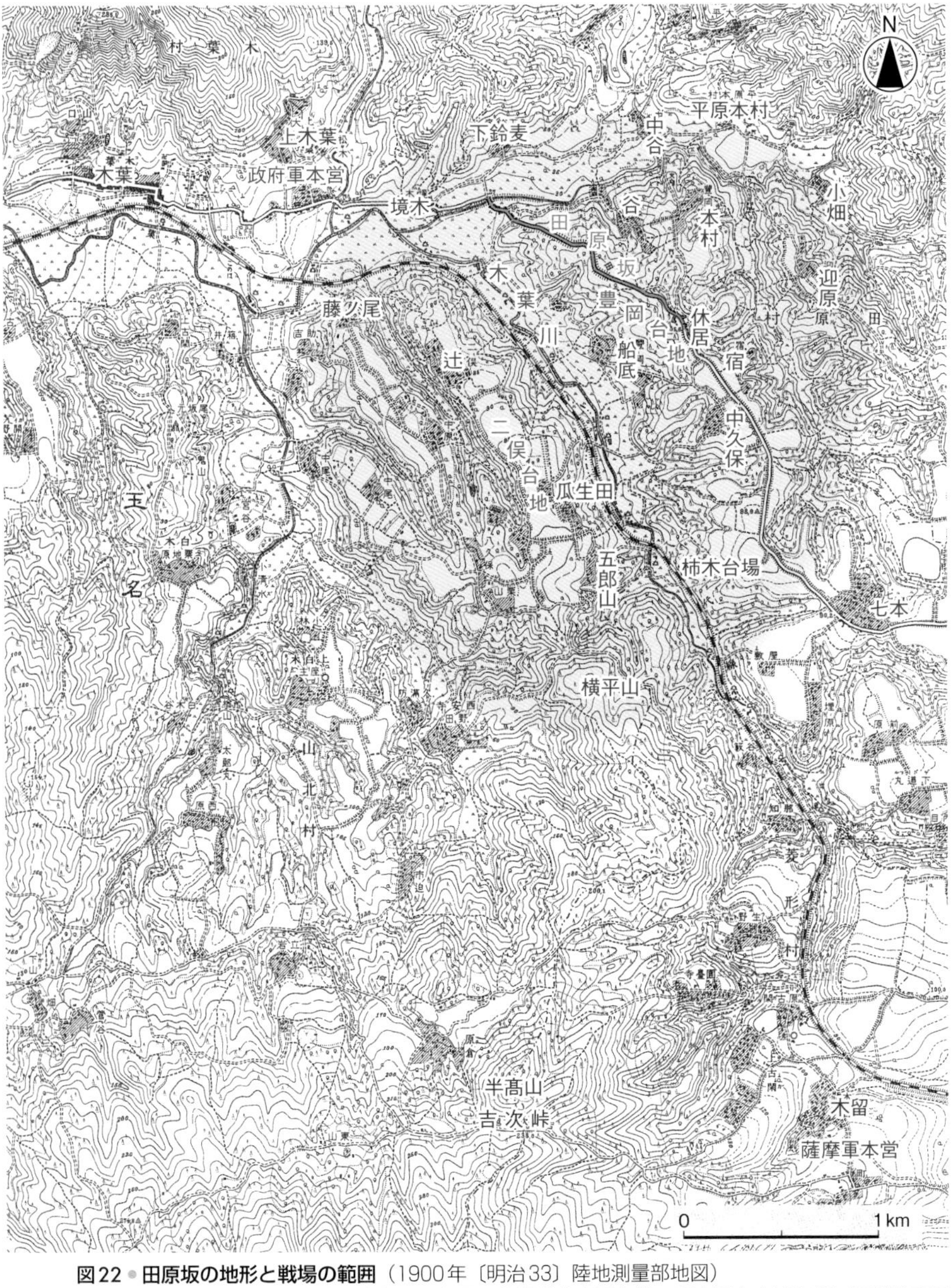

図22 ● 田原坂の地形と戦場の範囲（1900年〔明治33〕陸地測量部地図）

図左上の上木葉が政府軍本営で、右下の木留が薩摩軍本営。現鹿児島本線を境に西が政府軍の二俣台地、東が薩摩軍の豊岡台地である。二つの台地の地形のちがいに注目したい。戦場の範囲は広く、田原坂の戦いとは田原坂本道をめぐる周辺一帯の戦いであることがわかる。

りの多い複雑な地形で、出入りの少ない台地南半部や二俣台地とは対照的である。のちに、この相違が戦いの行方を左右することになる。

田原坂本道は東西に走り屈曲部が数カ所にあって、下から一ノ坂、二ノ坂、三ノ坂とよぶ（図24）。長さは一一六〇メートル、道幅は四メートル、平均斜度四度ほどのゆるやかな掘り抜きの坂道である。標高は西の一ノ坂口で二六メートル、東の最高所は三ノ坂北にあり一一六メートル、周囲の低地との比高は九〇メートルである。

標高の低い一ノ坂の両側は緩斜面が段々の耕地になっているが、二ノ坂より上では道の両側に谷がせまり平坦面は少ない。現在は谷村計介《けいすけ》碑

図23 ● 豊岡台地全景（北西より）
図15の古写真撮影地点の上空から撮影、北西から熊本城方面を望む。遠くからだと楽に登れそうな岡山に見えるが、近づくと急角度の斜面が人を寄せつけないことに気づく。まるで城の石垣だ。画面中央の本道は樹木に隠れて見えない。小高いところが二ノ坂　帯で、本丸にあたる部分である。

のある三ノ坂口は北と南が急斜面で、ほぼ道幅を残すだけのくびれ部である。三ノ坂北側には最高所を含めて平坦な場所があって本村集落までつづき、南側は谷をはさんで小丘がいくつかある。

調査でわかること、わからないこと

田原坂の調査は、詳細分布調査、聞き取り調査、金属探知機調査、発掘調査、自然科学分析、文献調査、古写真調査などの調査手法を用いて総合的におこなった。

発掘調査では、小銃弾の薬莢や雷管、砲弾薬着火用の摩擦管などの発砲地点を示す火点遺物の出土で発砲場所が特定でき、銃砲弾の集中程度で戦闘の規模、兵員配置、陣地の地形や状況の概略が把握できる。薬莢や雷管、銃砲弾からは銃砲の種類が判明し、形式分類することで産地、時期、技術

図24 ● 田原坂公園北半部調査地から見た本道三ノ坂
ミカン樹列と右上の樹林の境目をカーブしながら走るのが三ノ坂で、中央の三ノ坂口調査地と二ノ坂調査地が両軍衝突の最前線である。左奥は木葉の町と木葉山（権現山）。

などが明らかになる。

わからないことは戦闘日時、作戦内容、情報伝達、将兵氏名や動員人数、戦死傷の状況と有無、あるいは季節、気温、天候などの自然環境である。田原坂の戦いは雨天が多かったとされるが、発掘調査で天候を確認するのは困難である。逆に、文献では具体的な戦闘場所は特定がむずかしいことが多い。

戦争遺跡の調査において、全体的な状況を知るには一つの調査手法だけでは不十分である。各種の調査手法の組み合わせで遺跡を調査することが戦争遺跡を理解するためには必要であり、それらを総合し調査研究を進めてはじめて、西南戦争の実態をよりリアルに把握することが可能になる。各種資料が豊富に存在する近代遺跡ならではの特徴である。

詳細分布調査と聞き取り調査

詳細分布調査と聞き取り調査を豊岡台地全域および周辺一帯を対象にして実施した。耕作地が増えているものの、全体的な景観は戦争直後の上野彦馬の古写真と比較しても、大きな変化は見られない。台地には未開墾地もわずかながらあり、そのなかから金属探知機調査や試掘調査の適地を選定した。

この調査の目的は田原坂の戦いにかかわる遺跡地図をつくり、遺跡の全体像と各所の詳細を把握すること、さらに次段階の調査の基本資料にすることにある。

調査では地元の方々にも参加をお願いし、昔のことを教えてもらいながら台地全域を歩いて

N
眼鏡橋
江戸後期墓石
弾痕あり
本村
見張り場の適地
江戸後期
墓石
古道
銃弾多
谷
崖面銃弾
井川
古道
砲弾
五輪塔
弾痕あり
古道
崖面銃弾
一ノ坂
江戸後期墓石
銃弾少
銃弾少
天神坂
銃弾極多
雪のよう
集中
砲弾
熊野座神社
水飲み場
砲弾
銃弾極多
二ノ坂
塹壕
塹壕?
銃弾多
古道
銃弾なし
谷村計介碑
薬莢
多
塹壕
上3段目まで
銃弾極多
砲弾
三ノ坂
銃弾少
江戸後期墓石
薬莢
銃弾多
弾痕の家
江戸後期
墓石
塹壕
砲弾
信管
散弾
銃弾多
休居
古道
クレゾール
の匂い
弾痕
墓石
舟底
住民達が
逃げ込んだ
窪地
銃弾多
塹壕?
銃剣
江戸後期墓石
薩摩軍仮埋葬地?
砲弾多
銃弾少
銃弾多
銃弾極多
砲弾
江戸後期墓石
弾痕あり
宿
銃弾少
スナイドル薬莢
塹壕?
古道
スペンサー
薬莢
堀畑
水飲み場
血の海
多くの遺体
銃弾多
不発弾
砲弾
銃弾少
江戸後期墓石
古道
塹壕?
銃弾
江戸後期墓石
銃弾少
江戸後期墓石
中久保
崖面銃弾
砲弾
堀畑
塹壕?
地形昔のまま
崖面銃弾
銃弾多
江戸後期墓石
弾痕あり
瓜生田
政府軍砲兵陣地
橘木
砲弾
砲弾
崖面銃弾
砲弾
銃弾多
銃弾栓のみ多
立花木
銃弾極多
タツホゲ
銃弾極多
砲弾
七本政府軍墓地
古閑
政府軍砲兵陣地
推定薩摩軍陣地
推定政府軍攻撃方向
五郎山
銃弾多
砲弾
塹壕?
火門蓋
七本柿木台場
古道
銃弾極多
砲弾
塹壕?
0
500m
七本
未調査地

地形を確認し、遺物の散布状態などを地図に記入した（図25）。以前は手開墾で一鍬ずつ耕していたので雨後には白い弾はよく出ていた、しょうけ（手箕）いっぱいに出る場所があったなどの話は台地西側部分では各所に残っている（図26）。

台地斜面や崖面から多く出たとの話からは、政府軍が低所から台地上を攻撃したことや薩摩軍が台地斜面の政府軍を攻撃したことが考えられた。弾が多いのは田原坂本道全体ではなく三ノ坂から上との話では、政府軍は三ノ坂周辺一帯を集中して攻撃していたこと、つまり薩摩軍の主要陣地があったことが推定できた。一ノ坂周辺付近では、弾は少なかったとのことであった。

また、豊岡台地から北に谷をへだてた鈴麦《すずむぎ》でも弾が多く出たとのことで、東方の迎原《むかえばる》や小畑《おばたけ》でも多くの銃砲弾が耕作中に出た話を聞いた。

図26 ● 田原坂公園近くの古道
地図にはない細道。現在でも各所に残るこうした間道を通って、両軍も行き来したのだろう。この道は長窪山方面につづいている。

図25 ● 詳細分布調査と聞き取り調査の成果➡
台地の中央を走る三池往還を境に、銃砲弾の分布が西側だけであることが一目瞭然である。調査の前にはこれほどはっきり差が出ることは予想しておらず、新鮮な驚きだった。

この付近には豊岡台地の東を迂回して七本近くの三池往還に接続する古道が通っている。西南戦争から一五〇年近くが経過しているが、記憶はよく継承され言い伝えられており、つい昨日のことのように、戦争にまつわる生き生きとした話を聞くこともできた。

この調査で全体的な大きな部分が見えてきた。銃砲弾の大まかな分布範囲が明らかになり、政府軍の攻撃方向と薩摩軍陣地の配置状況が推定できた。銃砲弾はおもに豊岡台地西側に分布し、東側では弾の話は聞くことは少なかった。これは戦闘状況を示し、政府軍の攻撃は西と北

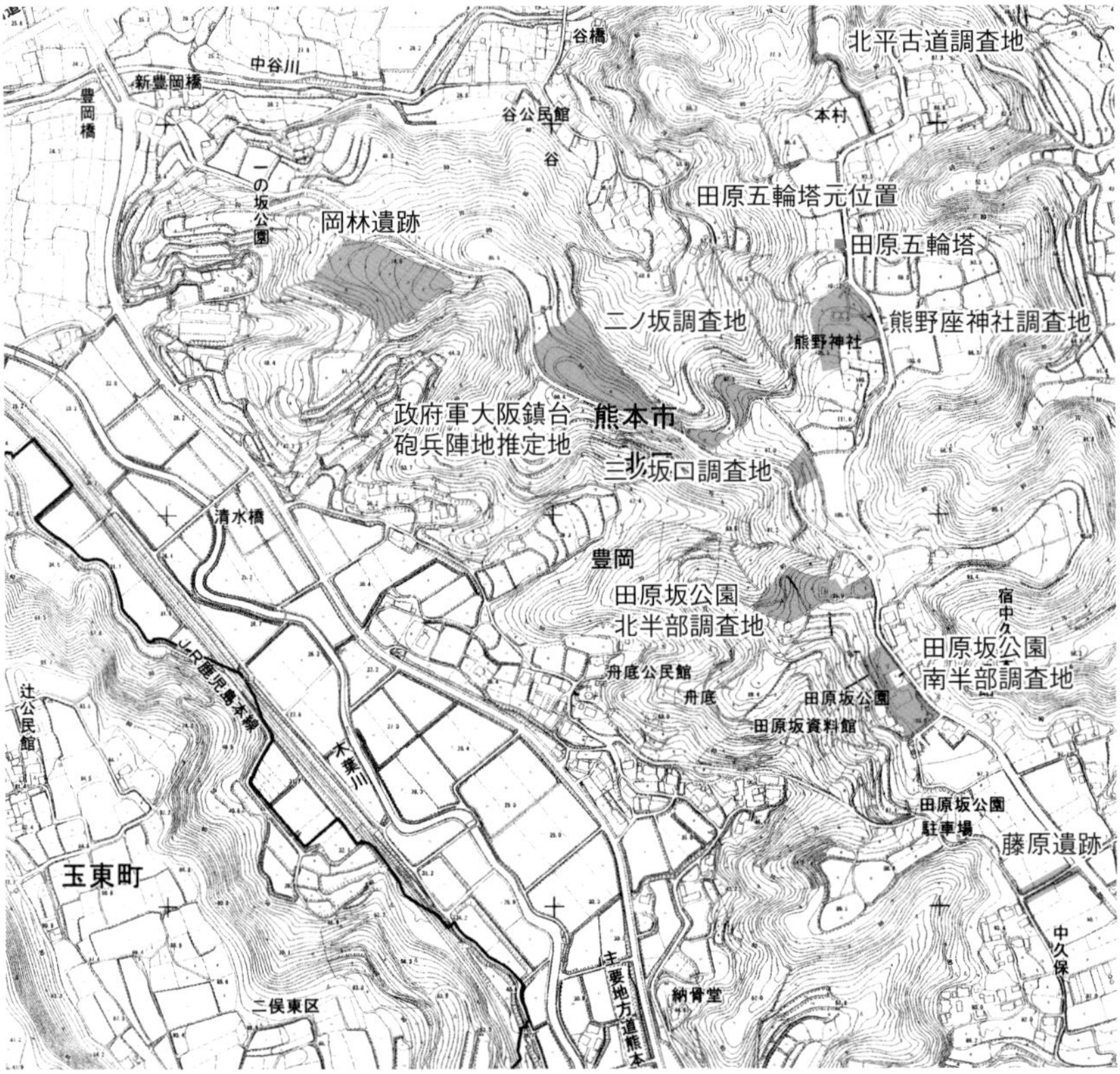

図27●田原坂調査地の位置
金属探知機調査と発掘調査を実施した場所を示す。調査対象地は広く、調査箇所は狭い。今後の調査の進展が期待される。

側からで、東側にはあまりまわり込んでいなかったことを推定した。

調査からは田原坂の戦いの戦場範囲が従来言われていたように田原坂本道だけではなく、また豊岡台地と二俣台地だけでもなく、田原坂を中心とした東は小畑から西は藤《ふじ》ノ《の》尾《お》付近までの東西三キロ、南は横平山から北は鈴麦あたりまでの南北四キロほどの範囲だったことがわかってきた（図22参照）。

そのなかの主戦場が三ノ坂一帯と横平山、立花木地区の七本柿木台場一帯なのである。

金属探知機調査と発掘調査

詳細分布調査と聞き取り調査の成果をもとに、未開墾地や重要地点での金属探知機調査とトレンチ発掘調査を実施し

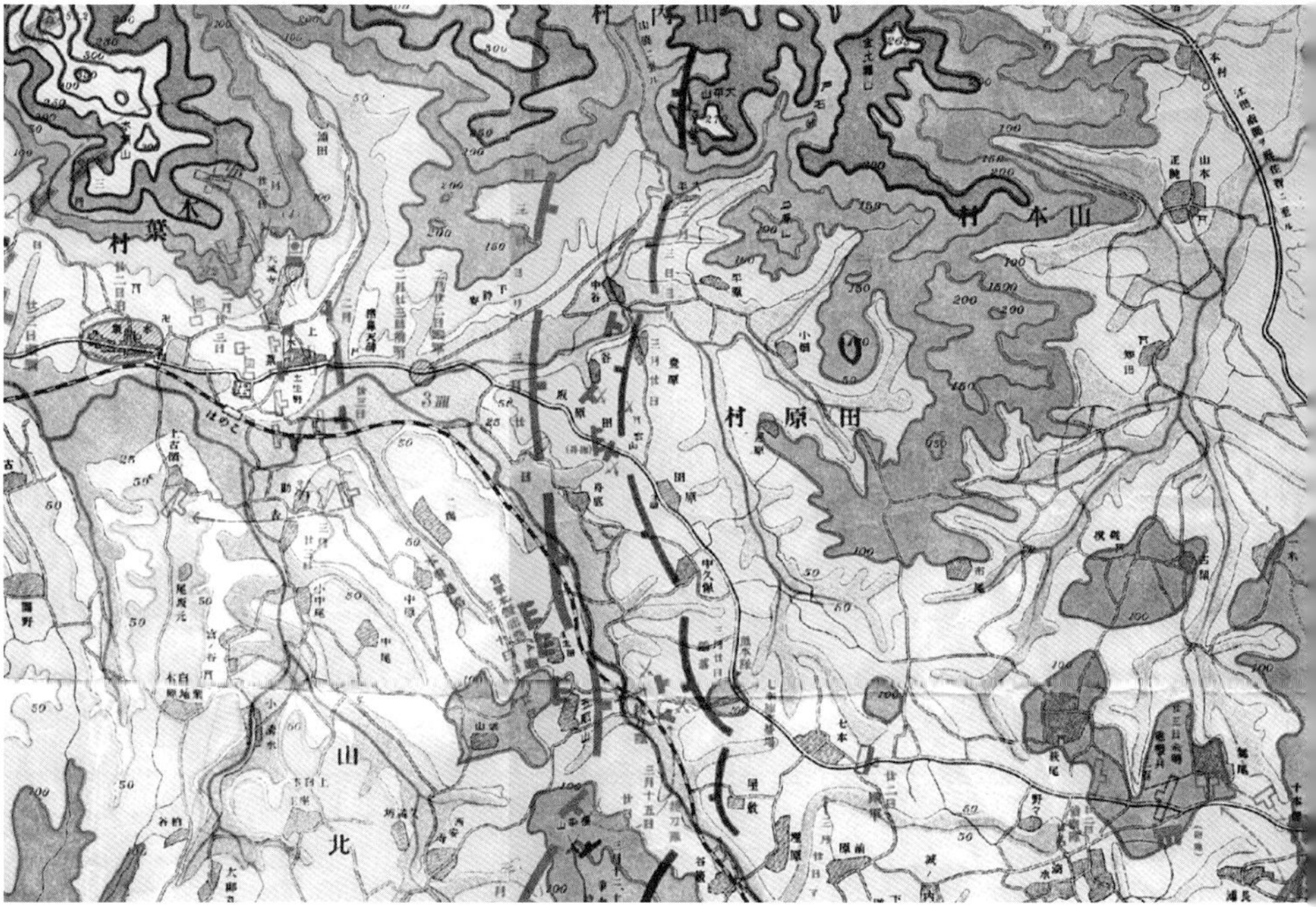

図28 ●「明治十年西南戦役田原吉次植木戦跡図」（部分）
両軍の戦闘状況や配置が正確で、植木地域での戦いの基本資料である。二ノ坂には歩兵と砲兵陣地、熊野座神社や横平山などでは✕印で激戦地を示し、七本柿木台場には抜刀隊の文字と✕印、二俣の瓜生田と古閑には砲兵陣地が描かれている。

た（図27）。目的は薩摩軍陣地の存在を示す塹壕や発砲地点がわかる薬莢や雷管などの火点遺物、それらの残存状況などを確認することである。

調査場所は豊岡台地北部の田原坂本道周辺が主である。田原坂の戦いのもう一つの主戦場といわれる、公園南方の中久保集落一帯やさらに南の田原坂陥落のもとになった七本柿木台場付近での調査は進んでいない。

この調査では具体的な戦闘の様子を推定することが可能になり、両軍の攻撃方向や陣地は凹地や土手を利用した状況であったことがわかった。土壌分析からは稲藁土嚢で防御用の胸壁を築いていたことも強く推定でき、古写真に写る雑然とした陣地の状況と一致した。さらに、一九二〇年（大正九）一月発行の『明治十年西南戦役田原吉次植木戦跡図』の記載が正確なことも明らかになった（図28）。

遺物は小銃弾、薬莢、雷管、砲弾片などが採集あるいは出土し、政府軍はスナイドル銃を主用、薩摩軍はスナイドル銃、エンフィールド銃、シャープス銃、スペンサー銃、ウェストリー・リチャード銃などの六種類以上の小銃を使用していたことがわかった。

2　両軍衝突の最前線

田原坂本道の二ノ坂と三ノ坂口一帯は、西側の政府軍と東側高地の薩摩軍のあいだの両軍衝突の最前線である。詳細分布調査で確認した二ノ坂から三ノ坂口にかけて通る土手と溝は、加藤清正以前の古い田原坂の名残と考えられ、台地上北方の中世山城跡の田原城跡・田原寺跡方面にむかっている。古い田原坂が窪地として残り、西半の二ノ坂では政府軍、東半の三ノ坂口では薩摩軍が陣地や塹壕として利用していた。

政府軍必死の攻防

政府軍陣地跡と考えられる二ノ坂調査地（図29）は本道沿いにあり、馬背状地形で南西側は平坦だが北東側は急斜面で、平坦部では低い土手と浅い溝状部分が二〜三条本道と並行してあり、多数の遺物が確認された。

　遺物は合計二〇九〇点。確実な政府軍遺物としての薬莢は全点スナイ

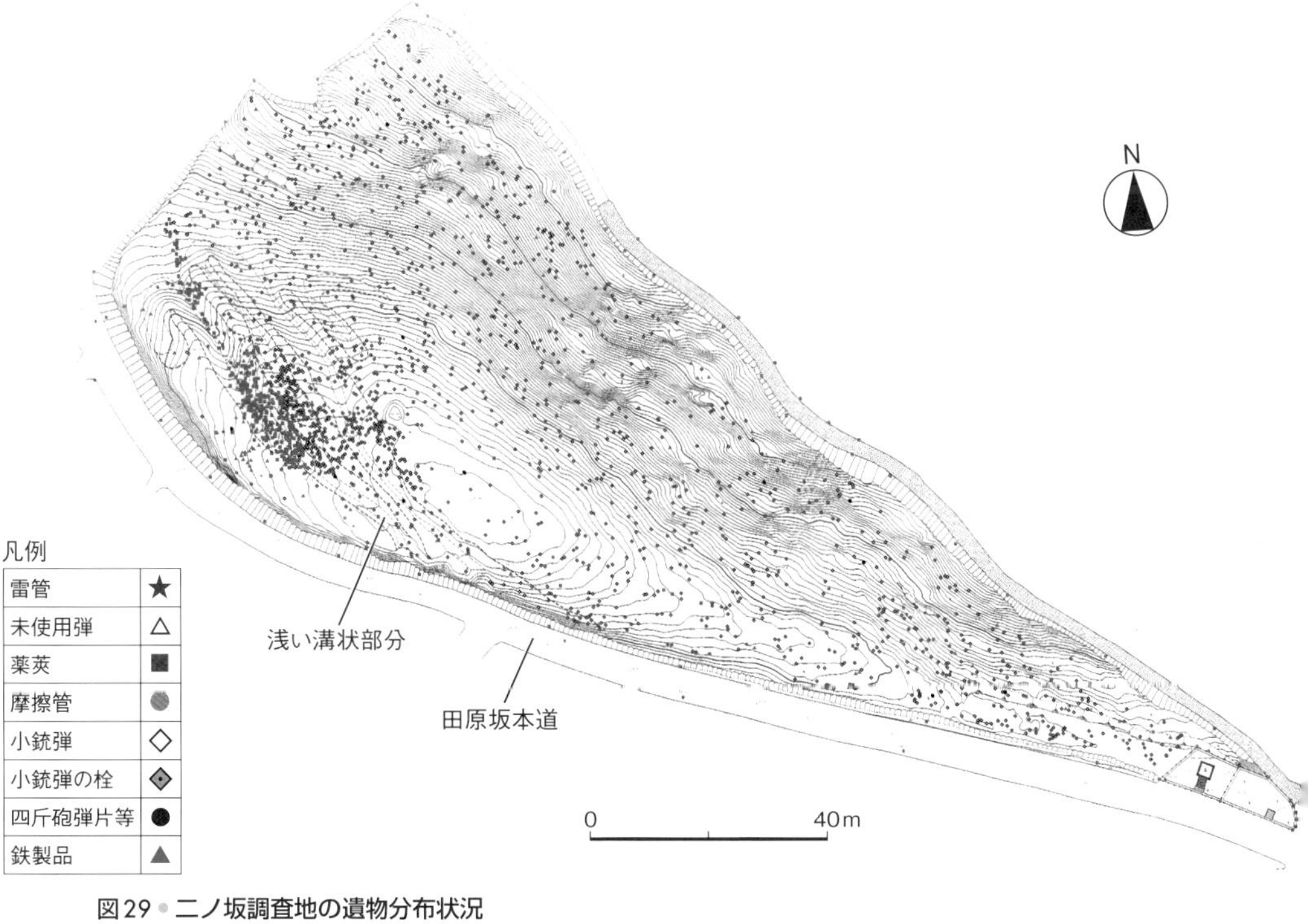

図29 ● 二ノ坂調査地の遺物分布状況
調査面積10,000㎡。政府軍の最前線は溝状の浅い凹地を利用した塹壕で、細長い赤点の薬莢集中範囲から西側が陣地である。ここに稲藁土嚢などで胸壁を築いていたと思われる。黄点の薩摩軍発砲の小銃弾もそのまわりに多い。

ドル薬莢で四一二点、摩擦管はL型とI型の二種類があり、弾薬箱ネジ釘などもある（図30・31）。両軍合わせて小銃弾は一五〇三点（図32）。内訳はスナイドル弾一〇八五点（七二パーセント）、エンフィールド弾三七四点（二五パーセント）で、この二種類で全体の九七パーセントを占める。ほかに、スペンサー弾、ウェストリー・リチャード弾、シャープス弾、ヘンリー弾、弾種不明がある。出土数の少ない小銃弾は薩摩軍のものと思われ、六種類以上の小銃を使用していたようだ。四斤砲弾片や鉛霰弾子、一三ドイム臼砲弾片も少数だが出土し、これらは薩摩軍発砲のものである。

遺物は調査地全域に分布するが、とくに南西部の土手と溝状部分にスナイドル薬莢が長さ五〇メートル、幅二〜一〇メートルの範囲に全体の七割が集中する。このほか摩擦管も同集中箇所付近に分布する。薬莢は残存状況がよく紙巻真鍮製薬筒が残っていて、大きく移動してい

図30 ● 薬莢集中部から東方を見る（牛嶋茂氏撮影）
赤棒は薬莢、黄棒は小銃弾の出土位置を示す。竹棒はずっと奥までつづいている。集中箇所では足の踏み場もなく、まるでハリネズミのような状態であった。分布調査の段階で予感はあったが、まさかこれほど良好に残っていたとは。

スナイドル薬莢

スナイドル薬莢

スナイドル銃弾

弾薬箱ネジ釘

摩擦管

四斤砲弾片

図 31 ● 二ノ坂調査地の遺物の出土状況
遺物は落葉を少しとり除くだけで顔を出す。この場所が戦後に人の出入りがなく開墾もなされなかった証である。戦いはついこの間のことなのだ。

図 32 ● 二ノ坂調査地採集の小銃弾
前列左から、ウェストリー・リチャード銃弾、スペンサー銃弾、弾種不明、スナイドル銃弾 2 点、エンフィールド銃弾 2 点。綫条痕（ライフルマーク）の数は小銃によって異なり、弾種と綫条痕数で小銃の種類が判明する。二ツバンドのスナイドル銃弾とエンフィールド銃弾は 5 条、三ツバンドは 3 条である。

ないことを示し、発砲地点であることが明らかになった。

薬莢集中箇所にむかって撃ち込まれた薩摩軍発砲の小銃弾も長さ三〇メートル、幅一五メートルの範囲に集中し、スナイドル弾二八九点、エンフィールド弾一一点の三〇〇点、全体の二割がある。

二ノ坂の政府軍陣地は、南隣する大阪鎮台砲兵第四大隊第二小隊右分隊砲台の防備と北の谷集落から上がってくる兵卒の援護射撃のためと思われ、三月一一日の同隊戦闘日誌には「田原坂に向けて位置を定めて砲台を築き、正面の人家(松下家)にある薩摩軍の陣地を攻撃した。距離はおよそ五〇〇メートル」とある。薩摩軍は自陣の至近距離にある厄介な砲台を潰したかったのだろう。

こうしたことから、二ノ坂調査地では政府軍は防護用の胸壁をつくり凹地に潜んでスナイドル銃で攻撃し、対する薩摩軍は東方二〇〇メートルの通称ミカン小屋付近や三ノ坂口、同三五〇メートルの熊野座《くまのざ》神社などからスナイドル銃を主用して狙いすまして反撃し、盛んに交戦していたことが見えてきた。

薩摩軍の本道最前線陣地か

三ノ坂口調査地は二ノ坂調査地の東に隣接する調査地で(図33)、谷村計介戦死地碑がある。この調査地南斜面のミカン畑の上から三段目までは、小銃弾がきわめて多く砲弾も出たとのことなので、この場所に南側から激しい攻撃を受けた薩摩軍陣地があったことがわかる。

碑がある西半部は黄褐色の地山が見え削平が明らかなので、旧地形が残存する東半部を調査した。トレンチでは、南半で小銃弾が出土する西南戦争面の土層下から中世土器をともなう溝状遺構を確認した。これは戦時にはすでに埋没していたようだが、浅い窪みとして残存していた。土手状遺構は幅五メートルほどで高さは低く、軟岩地山の削り残しで、南北両側からの掘削で形状を整える。土手状遺構の北には別の溝状遺構があり、下層から小銃弾が出土したが、生活道具などの出土はない。

遺物はトレンチ出土が多く計一四〇点あまり。内訳は薬莢二点、小銃弾一三一点でスナイドル弾一二六点（九六パーセント）、エンフィールド弾五点（四パーセント）、ほかは四斤砲弾片等で雷管や摩擦管はなかった（**図34**）。トレンチ出土小銃弾には土手状遺構南面地山にめり込んで出土したものもあり、南西の二ノ坂方面から撃ち込まれた政府軍の小銃弾と思われた。他の小銃弾も元位置ではない状況ながら、南側の溝覆土

図33 ● 金属探知機調査（左）**とスナイドル銃弾の出土状況**（右）
左：反応があった地点に竹棒をさしていく。
右：地山にめり込んだ銃弾が見える。南西方向から撃ち込まれた。

上〜中位と土手周辺に集中する傾向がある。

出土小銃弾が原形をとどめるものが多いのは、防御用の胸壁が稲藁土嚢などのやわらかい素材でつくられていたことを示す。ただ、調査で確認した塹壕は鞍部中央で縁辺からは少し離れており、北面、南面とも谷下の政府軍の状況は視認できない。下方を攻撃するためには、両縁辺に胸壁を築く必要がある。

これらの調査では、政府軍が二ノ坂まで入り込んで陣地を築いていたことが明らかになり、三ノ坂一帯が本道をめぐる田原坂の戦いの最前線の主戦場だったことがいっそうはっきりした。

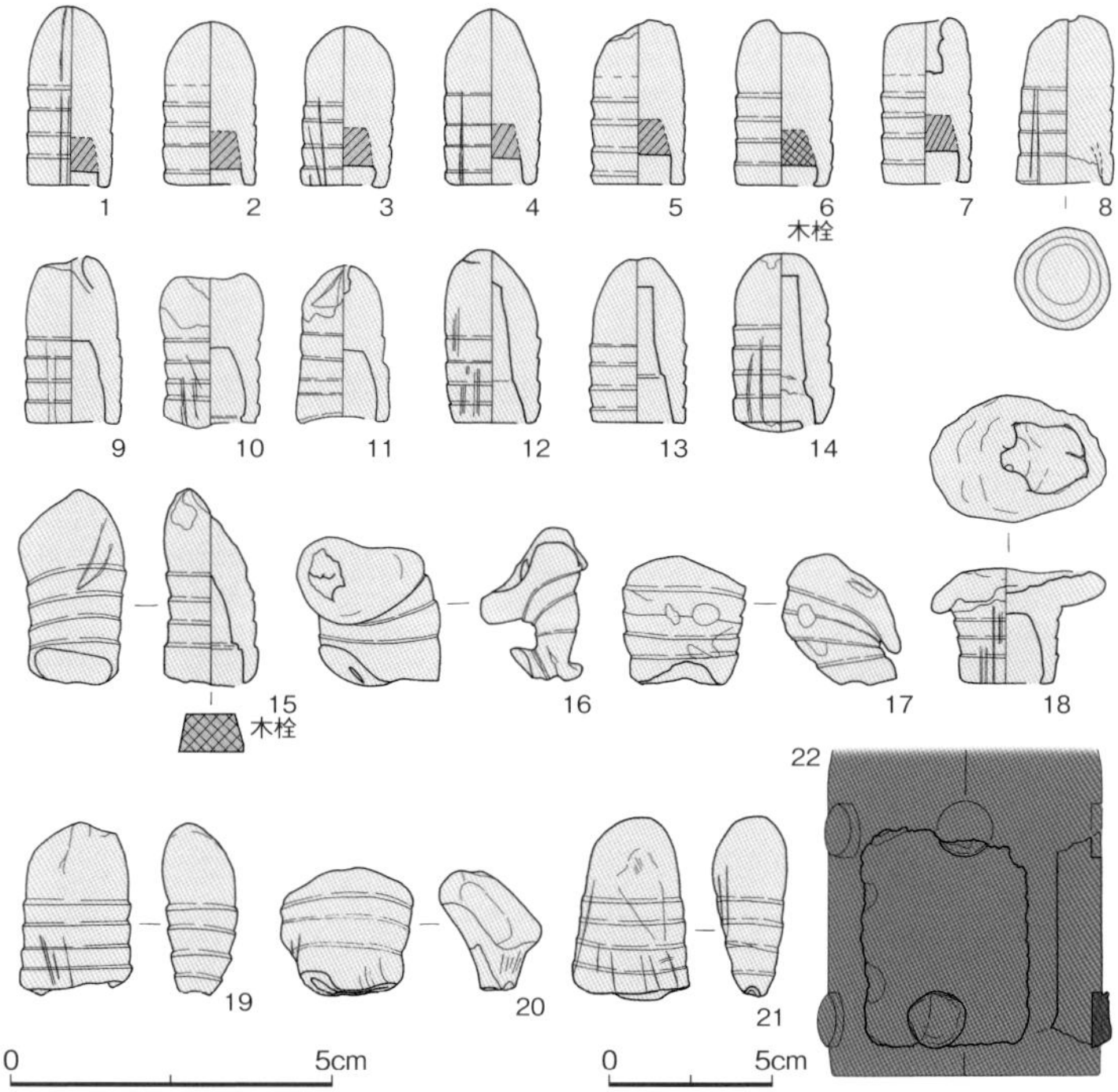

図34 ● 三ノ坂口調査地（1〜18）**と資料館西下斜面**（19〜22）**採集の遺物**
1〜11はAタイプ、12〜15はBタイプのスナイドル銃弾、図19を参照。Aタイプの先端は中空だが、完形だと断面図には描けない。発砲済銃弾なので、弾裾をひろげて銃身内にかませるための陶栓と木栓が奥まで入り込んでいる。22は四斤砲弾片。

3　薩摩軍本道守備の要

田原坂本道坂上にある休居《よこい》地区は、三ノ坂を上りきって道が平らになり田原坂公園があるところと、北の中谷集落から登る北平古道が本村をへて合流する重要地点で、古写真に写る薩摩軍が陣を構えた松下家（通称、弾痕の家）のあった場所である。

三ノ坂上部はもとは急坂で、のちに車が通れるようになだらかに削られたようだ。現在は駐車場になっており、弾が出たなどの話は少ない。ただ、近くの大楠木の金属探知機調査では数カ所で反応があり、太枝を剪定し薪にして燃やした跡から溶けた鉛が出てきたとか、砲弾の破裂で中央の幹が折れたなどの話は残っている。

付近には公園造成以前は人の背丈を優に超える大岩が点々とあり、樹木もまばらな荒地で草地に大小の岩が顔を出していたとのことであった。「樹石ニ隠蔽シ」とあるように、薩摩軍はあちこちにある大小の岩石や樹木も利用して防塁として散開して戦ったので、政府軍からすれば弾がどこから飛んでくるかわからず、薩摩軍の陣地が無数にあるように見えたことだろう。出土銃弾には頭部がひどく潰れたものも多い。

田原坂公園の調査は、西南戦役戦没者慰霊之碑を境に北半部と南半部に分けて実施した。北半部（**図35**）は本道三ノ坂に面する土地の改変が進んでいない一八八〇年（明治一三）建設の崇烈碑一帯で（**図55参照**）、南半部は資料館周辺である。

いろいろな遺構と遺物

北半部調査地は小高い場所で周囲をよく見わたすことができ、とくに本道と北にある三ノ坂口とのあいだの谷間がよく見え、「天険を補ふに人工を以て」する陣地が存在したと思われる。崇烈碑は西と南西にのびる二つの小尾根筋の交点に建つ。薩摩軍の本道守備の要であるとともに、西の二俣台からの攻撃に対応する砲台をもつ枢要陣地と考えられる。この場所からは東方を望むことができ、政府軍の豊岡台地東側への迂回も監視できる。

この調査地の成果は多い。まず、西尾根で塹壕跡が確認された（図36）。台地稜線に幅五メートルの

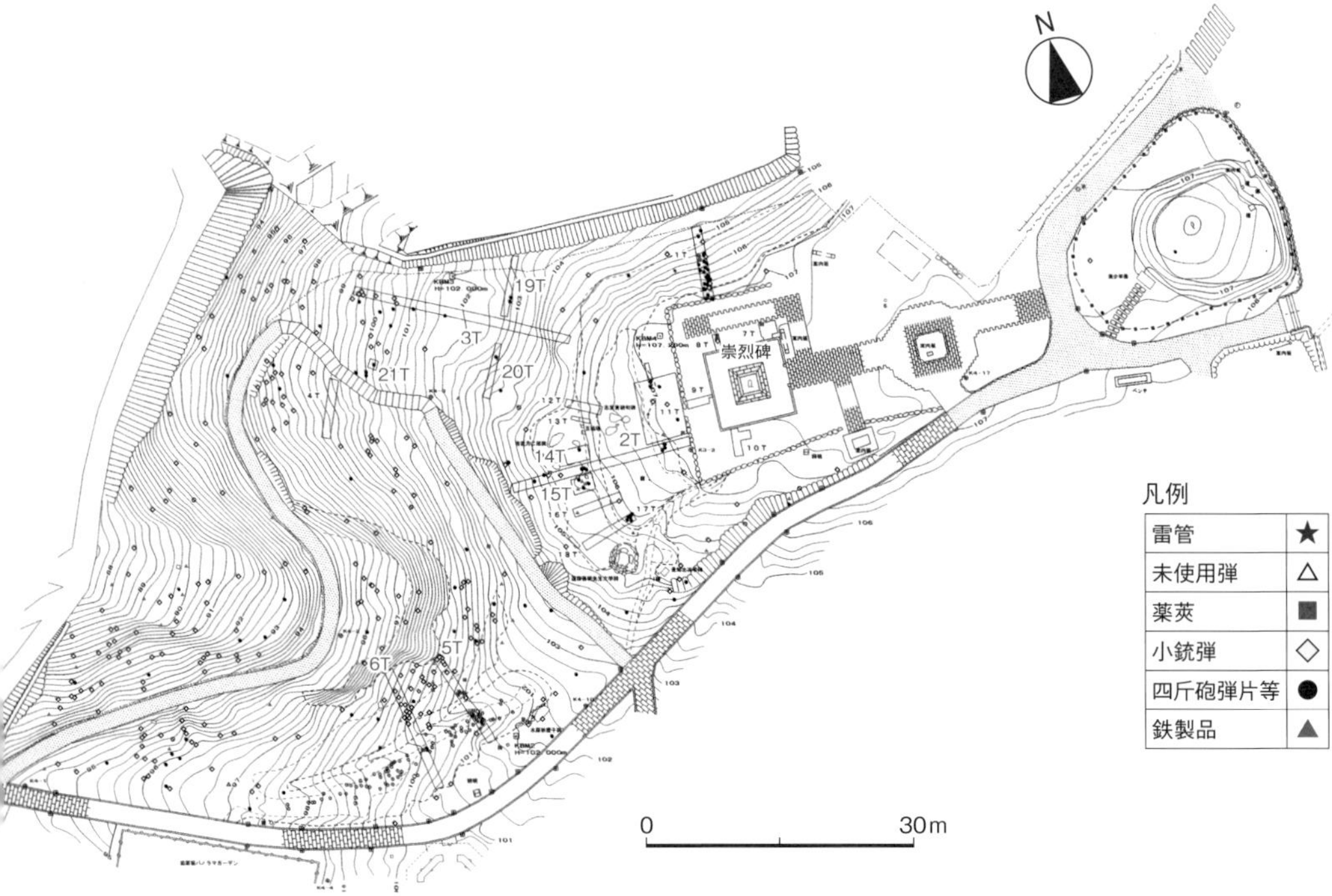

図35 ● 田原坂公園北半部調査地の地形と遺物出土状況
崇烈碑がある場所は舌状で西方につき出ており、細尾根がさらに西にのびる。北と南には谷が入り、陣地として都合のよい地形である。遺物は旧地形が残る西側に多い。5T（図36参照）・6Tが西尾根の塹壕跡、21Tが砲弾着弾痕、2T・14T・15Tが仮埋葬壙、3T・19T・20Tが土取り場跡。

浅い溝状の塹壕跡と低い土手が長さ三五メートルほど現存しており、塹壕跡からスナイドル薬莢やスペンサー薬莢、雷管、四斤砲弾片、小銃弾などが出土した。スナイドル薬莢は遺存状況が悪く、少し移動している。薬莢や雷管は塹壕北側に集中し、眼下の小谷や谷越しに北方の二ノ坂や三ノ坂口にむかって発砲したようだ。土壌分析では大量のイネのプラントオパールが検出され、稲藁土嚢で防護用の胸壁をつくっていたことが推定された。

この塹壕跡の東側の高所につづく部分は幅八〇センチ、深さ三〇センチほどの溝状で壁や底は整形されずにデコボコしており、地形にそって湾曲しながら崇烈碑のある頂部方向にのびていた。四斤砲弾片が底面に食い込むように出土した。ほかにも長さは不明ながら、幅一・三メートル、深さ六〇センチほどの東西方

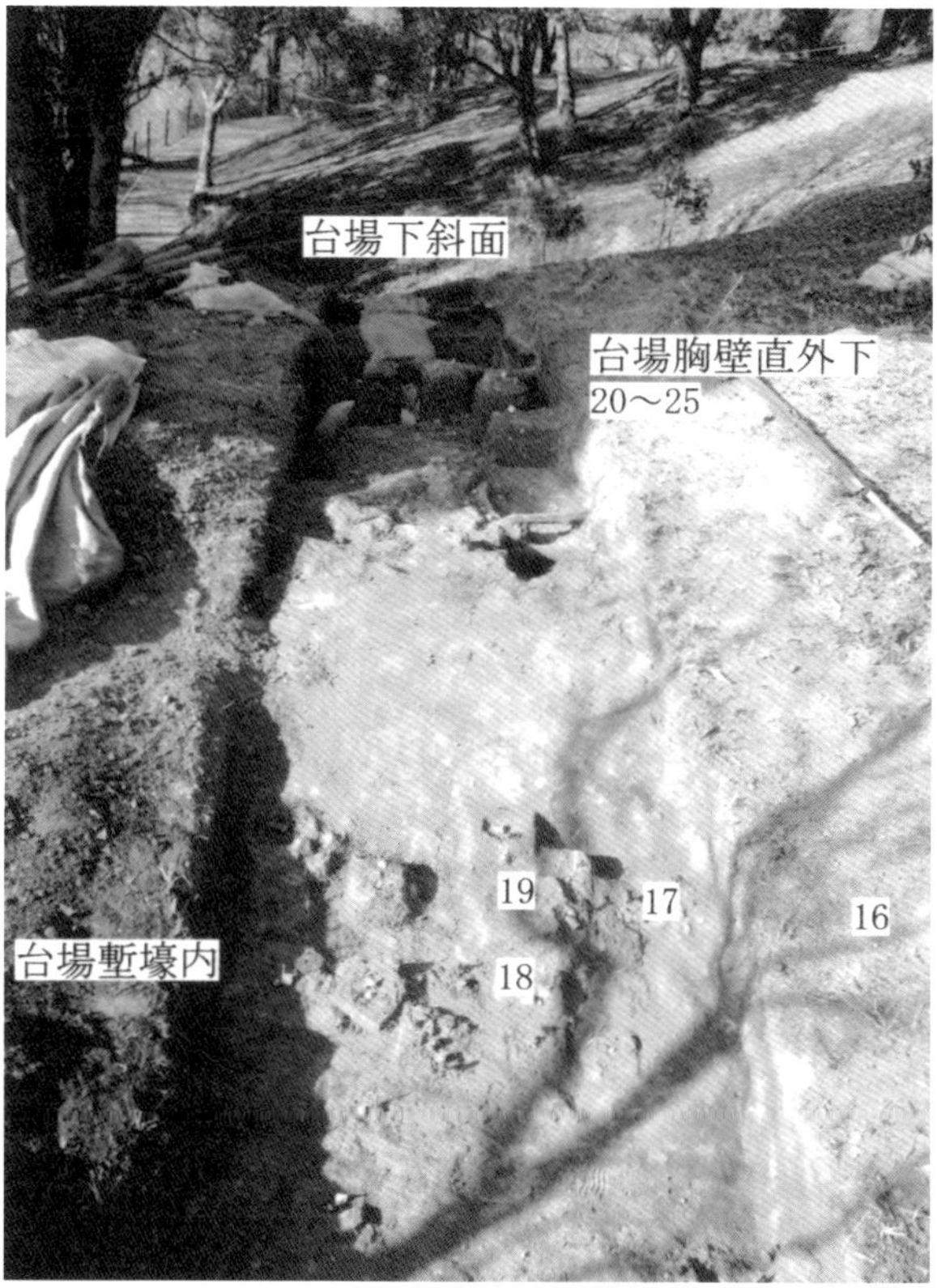

図36 ● 西尾根の塹壕跡と遺物出土状況（5T）
番号は土壌サンプル採取場所。分析の結果、イネのプラントオパール（植物珪酸体）が表土層を大きく上まわって、銃弾を含む遺物検出面から大量に検出された。なお、後の史跡整備のため、遺物のとり上げ後には模擬物を入れて埋め戻した。

向の塹壕跡があり小銃弾が出土した。南西の尾根では塹壕らしき溝状窪地があり銃剣が採集されている。

砲弾片着弾跡は崇烈碑から西に四〇メートルほど下ったところにあった（図37）。四斤砲弾先端部片なので、近くで着弾破裂したものと思われる。長さ六四センチ、幅五五センチ、深さ一四センチほどの不定形の落ち込みで、砲弾片は西から東に五〇センチほど細溝状に土をえぐっていた。覆土は地山土と同質のやや締まりのない土で、衝撃による破砕土と見られる。地山は固く締まる淡黄褐色軟岩で、えぐるには強い力を要する。

仮埋葬壙は長さ二・二メートル、幅一メートル、深さ三〇センチほどの不整長方形で、壁や底面に凸凹のある応急的なつくりである（図38）。金ボタンやガラスボタンが出土したが人骨の出土はない。土壌分析で大量の稲藁の植物珪酸体が検出された。規模から複数の薩摩兵が莚などをかぶせられて埋葬されたと考えられる。出土したボタンは改葬の際の取りこぼしで、深さが墓壙にしては浅いのは崇烈碑建設の造成工事で上部が削平されたためと思われる。

図37●砲弾片着弾痕と砲弾片（21T）
左：金属探知機調査で反応があったので調査したが、なかなか遺物にたどり着かず、調査範囲を広げてやっと確認した。砲弾片は錆の除去後の姿。
右：出土直後の砲弾片。地山と同色の黄色い厚い鉄銹（てつさび）でおおわれている。はじめは見分けがつきにくかった。

戦後では崇烈碑建設にともなう土地造成状況が明らかになった。造成は南北四〇メートル、東西六〇メートルほどの範囲で、中央の二〇メートル四方と東の参道部分は平らに均されている。旧地形は馬背状の地形で小高い場所だったようだが、南では七〇センチ削平、北では五〇センチ盛土されており、この時に薩摩軍陣地も削られてしまったと思われる。盛土は西の土取り場跡から採土されたのだろう。トレンチ下層から小銃弾、松根、碑や台座を現地で整形した際の石屑である白色石灰岩片が出土した。付近一帯は古写真にもあるように以前は松林だったらしいが、現在ではほとんど残っていない。

土取り場跡は碑の五メートルほど下の西斜面にあり、現状でもすり鉢状に窪んでいる。地盤は砂質軟岩で造成盛土と同質、規模は一辺一一メートル、深さ〇・六〜一・五メートルのおおよそ方形で、底面は平坦である。下部に工具痕が明瞭に残り、白色石灰岩片が出土した。南側には作業路らしき幅一メートルほどの細い道が碑にむかって延びていた。

遺物は金属探知機調査分とトレンチ出土分の合算で五〇〇点以上あり、

図38 ● 仮埋葬壙と埋葬の想定状況（2T・14T・15T）
人形の身長は160cm、頭位は北枕。墓壙は一体分にしては大きく、複数体の埋葬と考えた。陣地の西側中央にあり、死してなお政府軍の攻撃を食い止める盾となる意気地を示しているかのようだ。

薩摩軍遺物としてスナイドル未使用弾一点、雷管二四点、薬莢二五点で摩擦管はない。政府軍遺物として小銃弾二六一点で、内訳はスナイドル弾二四六点（九四パーセント）、エンフィールド弾一一点（四パーセント）である。四斤砲弾片なども四三点あり数は多い。

遺物分布は崇烈碑周囲に少なく、下位の西側斜面全体に多いのは石碑の建設工事の影響が大きいと思われ、斜面部が当時の地形をよく残していることを示し、トレンチ調査の結果とも符合する。多数の小銃弾や四斤砲弾片はとくに集中する箇所は認められず調査地全域に分布し、榴霰弾の鉛霰弾子もある。

火砲攻撃力の差

政府軍陣地跡の二ノ坂調査地では、銃弾集中箇所がある、エンフィールド弾が多い、砲弾片は少ないという特徴があった。これは薩摩軍陣地跡の公園北半部調査地とは対照的である。そのなかでもとくに興味をひくのが四斤砲弾片の出土量の差である。二ノ坂調査地は三点で少なく、北半部調査地は三〇点と多い。これはそのまま両軍の火砲攻撃力の差と見てよい。

公園北半部調査地の出土砲弾片は二俣瓜生田砲台、二ノ坂砲台からの砲撃によるものと考えられ、砲弾片や信管、鉛散弾子が以前から採集されていたことや着弾跡と合わせて見ると、その攻撃力の差は大きかったと思われる。三月七日「ここ三、四日は薩摩軍の大砲発射は極めて激烈だったが、本日は一弾の発射もない。おそらく弾薬が欠乏したのであろう」との政府軍記録が薩摩軍の窮状をよくあらわしている。

4　立木の「発掘」

田原坂本道の薩摩軍の右翼にあたる熊野座神社境内地（図39）の調査では、前代未聞の成果が上がった。右翼とは薩摩軍から見て本道右側の本村地区のことで、政府軍から見れば左翼となる。政府軍は本道正面からばかりでなく、左右にまわり込んで攻撃を仕掛けた。

本村地区は豊岡台地北端にあり、谷集落や中谷集落からの狭い坂を登っていくと神社周辺の薩摩軍陣地に出る。ここからは西側の政府軍本営があった木葉方面がよく見え、とくに北西に突き出た小丘端では途中に障害物がなく、人の動きが手にとるようにわかる。

薩摩軍の主要陣地

熊野座神社は三ノ坂北方最高所のさらに北にあり、「宮山《みややま》」とよばれ、文献と対比しやすい。薩摩軍の主要陣地で「田原坂北之手《きたのて》松山《まつやま》台場」、「小松山《こまつやま》台場」とよばれていた。参道は東むきでその先の段下の土地が「宮ノ前」、付近一帯は田原坂の戦いのはじめごろからくり返し「宮山争奪戦」の舞台になった。

境内地は道路から二メートルほど高く、社殿裏はさらに四〜七メートル上位にある。周囲は豊岡地区の鎮守の森らしく木々に覆われ、当時もこの状態だったとすれば、政府軍二俣砲台あたりからの砲撃の格好の目印になったことだろう（図40）。

境内の薩摩軍陣地は薬莢出土状況と段地形から見て、前塁と後塁の二、三線構造になっていた可能性がある。第一線は道路沿いに防護用の胸壁を築き、樹木なども弾除けにしたもので、北から登ってきて東から攻撃する政府軍に反撃するためであり、第二線は段上で東西両方面からの攻撃に対応していたと考えられる。これを示すのが、熊野座神社の西裏手の切り通し崖面（**図41**）の多数の小銃弾で、その下方の天神坂付近でも小銃弾が多く採集されており、以前はもっとたくさんの弾が出たらしい。崖面では壁面が崩れて風化した小銃弾が道に落ちて散らばり、一時はまるで雪が降ったように全体に白くなっていたとのことであった。このことから西側の谷地区からの政府軍の進撃ルートの一つが具体的に明らかになった。

図39 ● 薩摩軍の主要陣地、熊野座神社
図40のC地点から、東方の字宮ノ前方面を見る。右は戦後に建て替えられた社殿で、部材には銃弾が残る。銃砲弾が出土した杉木は画面中央奥に立っていた。C地点にはスナイドル薬莢が散布し、ここからの発砲と思われる弾痕が参道わきの文化年間の石灯籠にあり、攻撃と防御の具体的な姿が浮かび上がってきた。

金属探知機調査の成果

遺物は一〇〇〇点ほどが確認され、政府軍から撃ち込まれた小銃弾が六九八点、四斤砲弾片は六〇点であった。

特筆されるのは、遺物を立木から発掘したことである。金属探知機調査は地面だけでなく、立木にも実施した。田原坂一帯の樹木に小銃弾が埋もれているのは地元ではめずらしくないことであったが、発掘して小銃弾と四斤砲弾片の正確な位置を記録したのは、今調査が全国初である。

石鳥居近くの幹まわり

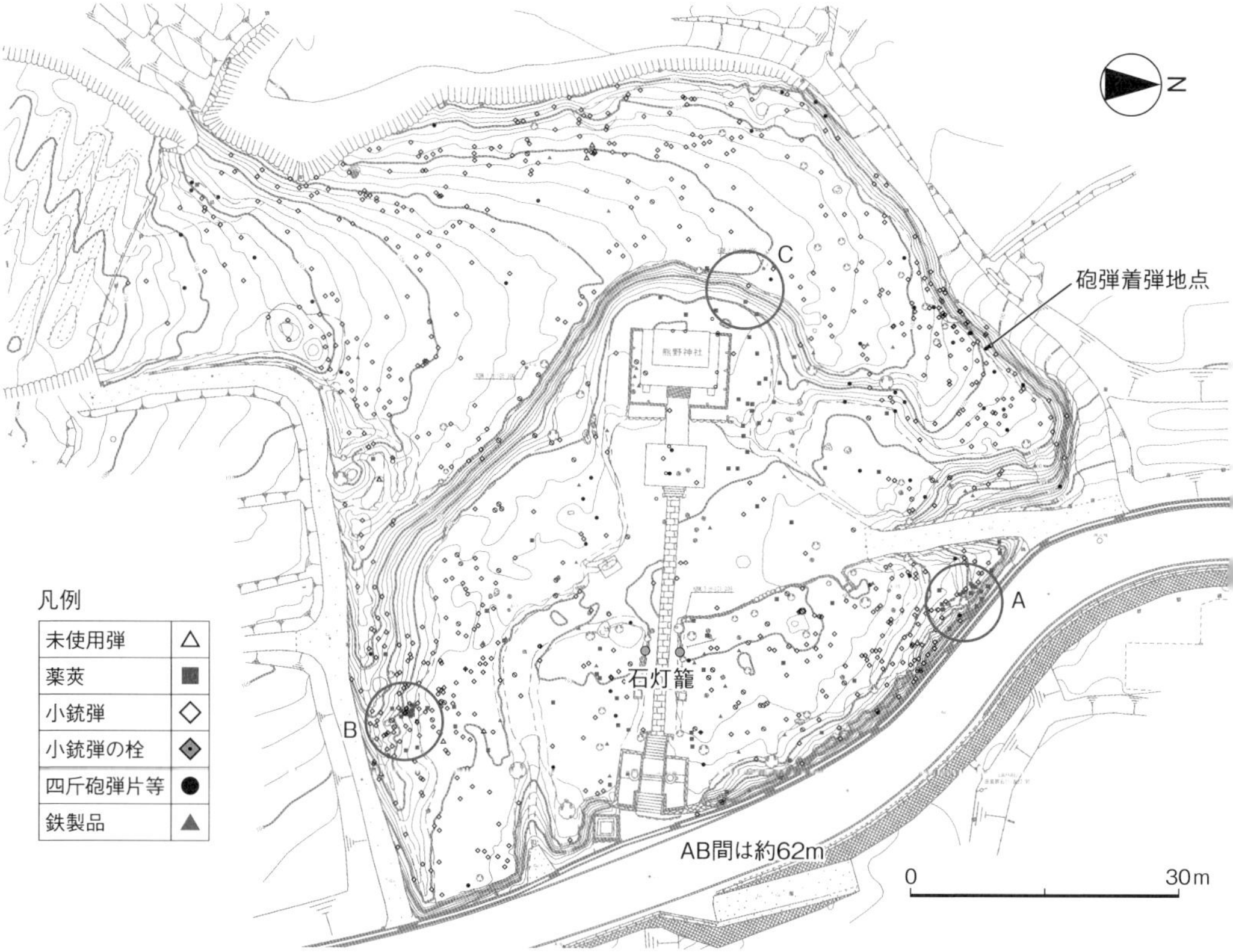

図40 ● 熊野座神社調査地の遺物分布状況
小銃弾は調査地の全域に分布し、スナイドル薬莢の集中地点はA、B、Cの3地点で確認した。これ以外でも薬莢は境内の東側に散在している。東方からの攻撃に対応していたようだ。

一・六メートル、樹齢二〇〇年以上の杉木から小銃弾三点と四斤砲弾片一点が地上から「出土」した。台風のため倒木のおそれがあるので伐採し、金属探知機調査を実施したところ地上から三・七〜一五・二メートルのあいだで二一カ所の反応があり、うち三か所をえぐって確認した。樹木表面に痕跡はまったく確認できない。金属反応は六〜一〇メートルの間に集中し、銃砲弾は樹木の北、西、南西、南東などでさまざまな方向から撃ち込まれていた。御神木の梛木《なぎのき》にも金属反応があり、スナイドル弾が五点出土した。

立木から銃砲弾が出土したことで（**図42**）、銃弾の飛来方向が判明し、銃撃戦は一方向の単純なものではなく、上下左右、四方八方に銃弾が飛び交っていた状況が推定された。どこから弾が飛んでくるのかわからない弾の雨ならぬ弾の嵐状態である。砲弾片は杉木南東

図41 ● 熊野座神社西側裏手の古道
指さし先の崖面に多くの小銃弾が撃ち込まれていた。ここは西の谷集落から細坂を登ってくる古道とのT字路で、段上の薩摩軍陣地を激しく攻撃したことがわかる。

側から見つかったので、鳥居近くの道路あたりに着弾したものである。

　ほかにも砲弾着弾地点が特定された（図40）。これはきわめて稀な事例である。大砲の発砲場所は摩擦管出土や砲台跡などが示すが、着弾地点はほぼわからない。砲弾は着弾すると爆発し破片は四散するので、二点の破片すら接合することはない。しかし、ここでは一カ所からまとまって出土し、底部片を除いて破片はすべて接合した（図43）。この場所は土が柔らかく着弾してもすぐには爆発せず、そ

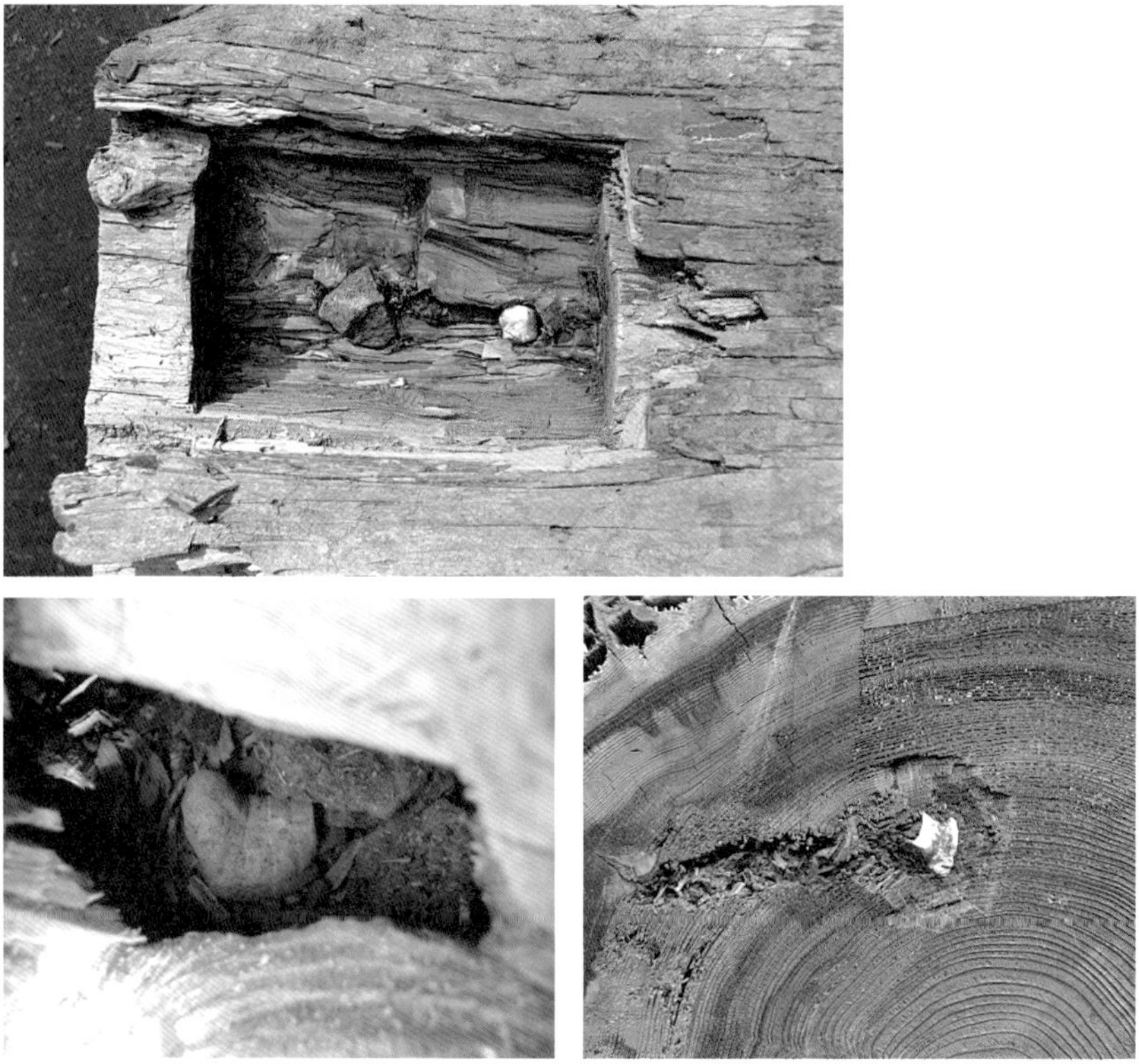

図42 ● 立木の「発掘」
上：杉木内部の四斤砲弾片とスナイドル弾の「出土」状況
右下：杉木の切断面にあらわれたスナイドル弾、弾道がよくわかる。樹表には痕跡はまったくない。
左下：御神木の椰木内部のスナイドル弾。探知のたびに反応点が移動し不思議だったが、内部が空洞のためコロコロと動いていたことが、切断してやっとわかった。

のまま土中に深く入った後に爆発したので底部片だけが飛び去り、ほかの破片は飛び散らなかったためと考えられる。これは四斤砲弾の着発信管の感度に関する資料としても好事例となった。

小銃発砲地点を示すスナイドル薬莢の集中箇所は三カ所で出土は九五点あり、陣地の構造や反撃方向が見えてきた。薬莢集中箇所の一つでは、地表に露出して道端の樹根に引っかかって見つかったものがあり、残存状態もよかった。このことは薩摩兵が樹木を盾にして東側の政府軍にむかってスナイドル銃を発砲したことを示しており、戦闘のリアルを今に伝える。

また、意義深い資料として、手てんご薬莢がある（**図44**）。手てんご（手てんごう）とは手なぐさみのことで、使用済みのスナイドル薬莢を分解し、硬い莢底の上端部を爪で折り曲げたものが多く、ほかには莢筒をいく重にも折り曲げたもの、なかの小部品をとり出したものなどがある。出土薬莢のうち二割ほどが該当し、四月初旬の荻迫の戦いの遺跡である山頭遺跡の薩

図43 ● 着弾地点出土の四斤砲弾
底部以外のすべての弾殻破片が接合した非常にめずらしい例である。着発信管は六角ボルトのような形のデマレー信管、丸いものは砲身のライフルにかませるための旬翼。四斤砲弾は鋳鉄製で割れやすく、錆の進行もはやい。適切に保存しないとすぐにボロボロになってしまう。

摩軍陣地での出土割合と同率である。

政府軍陣地の本道二ノ坂調査地と山頭遺跡の政府軍陣地では一割にとどまっており、交代が少なく在陣時間の長い薩摩軍と交代の多い政府軍のちがいを示す遺物の一つである。戦闘の合間に世間話でもしながら分解したのだろうか。人間を感じる遺物である。

石が刻む戦いの記憶

近くにある建治三年（一二七七年）銘の田原《たばる》五輪塔《ごりんとう》は高さ一七〇センチ、幅六〇センチほどで、一六カ所の弾痕が北面と東面にある（**図45左**）。この状況からは戦闘時も五輪塔は立った状態であり、弾痕のある面は本来は西をむいていたことがわかる。弾痕は集中しあたかも狙撃されたかのような状況で、形から兵卒と誤認されたのかもしれないし、弾除けとして使用されたのかもしれない。もし、この背後にいたとしたら、生きた心地はしなかったのではないか。

田原城跡・田原寺跡のあるこの場所は、西南戦争遺跡と中世山城跡の関係を知るうえでの好地でもある。

図44 ● 手てんご薬莢
図40のスナイドル薬莢集中箇所のA地点とB地点に多い。左3点は薬莢底部、右は薄い真鍮製の薬莢筒部を紙巻きタバコのように折り曲げたもの。

付近には城山などの地名が残り、中世土器が採集されている。神社南に隣接する田原城跡の堀跡と伝えられるL字状の窪地は、塹壕として再利用されたと考えられ、さらに南にのびて最高所につながる。最高所の西は三ノ坂に面し、ガラ（薬莢）付の弾がまとまって出たという。

境内の江戸時代文化年間の石灯籠には弾痕があり、近くの江戸期の墓石の弾痕は、墓石が弾除けの防御壁の構築用として転用された証である（**図45右**）。なお、社殿は戦いの最中に焼失したが、田原坂の戦い後すぐに再建された。現社殿には弾痕や柱のなかに小銃弾が残り、再建にあたって付近の樹木が使用されたことを教えてくれている。

図45 ● 弾痕が残る石造物
左：田原五輪塔（熊本市指定文化財）。戦い以前からある石造物は戦場の範囲と状況を記録している。熊本は古墳時代から加工しやすい阿蘇凝灰岩の利用が盛んで、中世でも多くの石造物に使用された。
右：本村近くの古墓。段上の薩摩軍陣地の胸壁として使われていた。弾痕は直径7、8cm、深さ2、3cmほど。けっして軟らかい石材ではない。今は人知れず藪のなかにたたずんでいる。

5　田原坂本道の南の守り

二俣台地正面をのぞむ薩摩軍の陣地

田原坂公園南半部調査地から中久保地区にかけての範囲は、田原坂本道を南から守る重要地区である。公園南半部には資料館や慰霊塔などがあり、全体に造成客土され往時の地形は失われている。旧地形は西と東に下降してかつ南にも低くなる南北方向のやせ尾根状で、中世以降に開墾して平地にしたと考えられる。

資料館下の豊岡台地西側斜面一帯は、地元の方が子どものころに弾拾いをした場所で、銃砲弾が多く出たとのことであった。また、昭和二〇年代ごろには、資料館の西側に南北方向の高さ一メートルほどの畔土手があり、沿うように道も通っていて、北側には塹壕はなかったとのことであった。畔土手とは畑として切り下げられていない部分のことで、山頭遺跡の薩摩軍陣地跡と同様の構造であり、資料館下斜面から小銃弾が多数採集されていることと考え合わせると、この場所に畑の畔を利用した薩摩軍陣地が構えられていた可能性が高い。

これを証するようにトレンチ調査では小銃弾五点、四斤砲弾片一点が出土し、うち小銃弾一点は埋められた畑の西面段にめり込んでいた。しかし、その後におこなった新資料館建設にともなう調査では西南戦争関連の遺構遺物は確認できなかった。これは公園造成工事の削平の影響が大きい。また、公園内にある〝伝塹壕跡〟は調査の結果、西南戦争遺物の出土が皆無で、覆土もほかとは異なり後世につくられた可能性が高いことが判明した。

長窪山の激戦

政府軍の記録には中久保地区と隣の字古閑山の高所をさすと思われる「長窪山」がたびたび登場し、田原坂戦初日の三月四日「田原坂ノ傍阜及ビ横平、長窪諸山ノ高険ニ據リ数十壘ヲ築キ」、八日「二俣及ビ長窪山ニ戦フ」などがあって、薩摩軍の重要陣地だったことがわかる（図47・48）。その地形は守るにはきわめて優れており、政府軍には不利であった。

中久保地区は豊岡台地の西側にあり戸数が多い地区で、瓜生田砲台跡からよく見える（図46）。三ノ坂と七本柿木台場のほぼ中間、双方から約七五〇メートルの距離にある。ここでは発掘調査はされておらず詳細は不明だが、塹壕らしきものがあり、集落西側崖面などから小銃弾が多く採集され、スペンサー薬莢や砲弾片、不発弾などが採集されたという。南側にある江戸期の墓石には弾痕がある。集落は焼き払われたとのことであった。

玉東町の政府軍二俣瓜生田砲台跡で確認された四

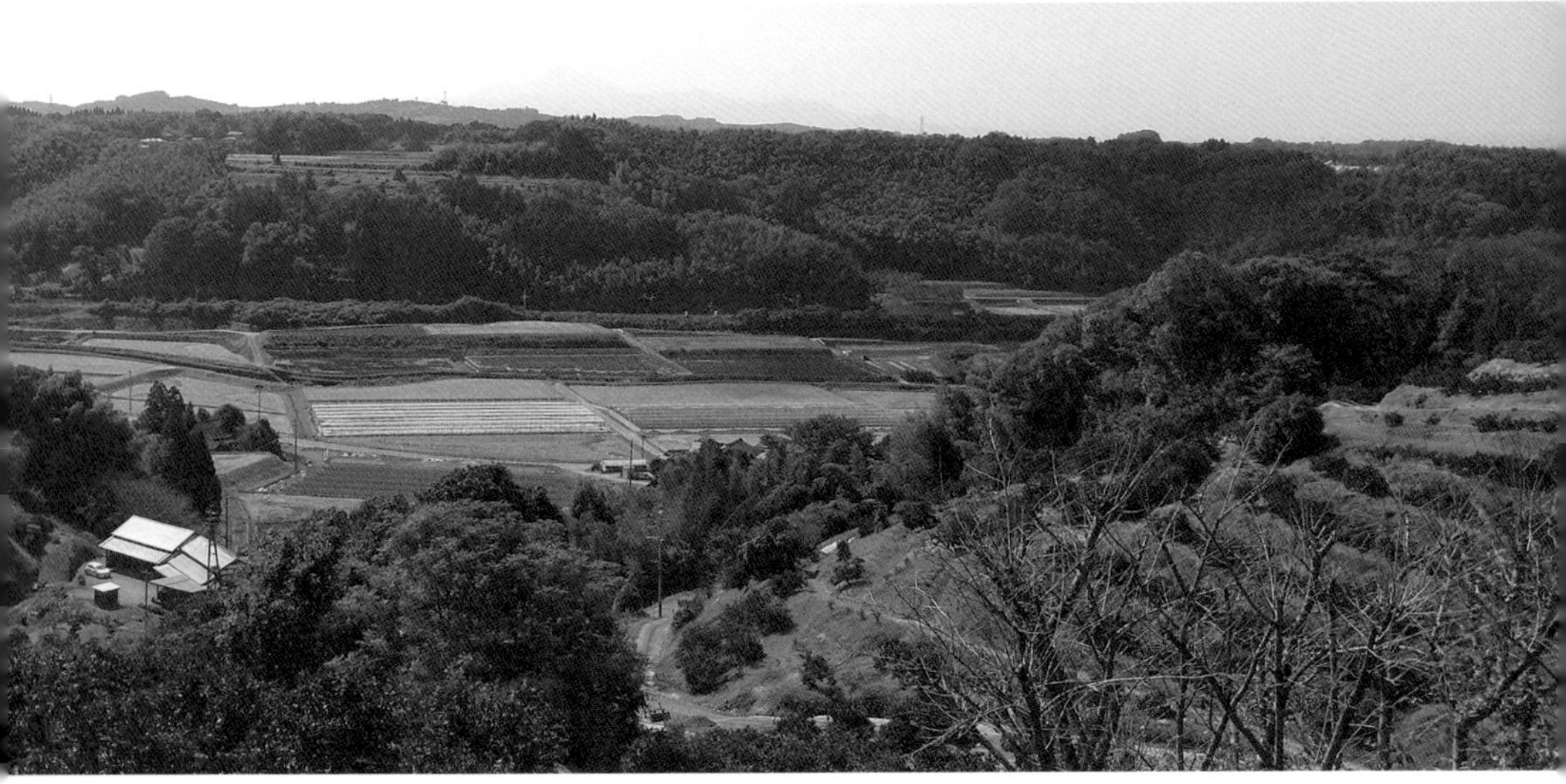

図46 ● 田原坂資料館から見た二俣台地
低地をはさんで奥が二俣台地で、中央が政府軍の瓜生田砲兵陣地、直線距離で800m。左方には古閑砲兵陣地がある。手前左手の長窪山斜面や手前斜面と右手斜面が、地元の方が弾拾いをした場所である。

斤山砲車の轍跡はこの地区にむき、これを裏づけるように、近くの藤原遺跡では四斤砲弾片やデマレー着発信管などが出土した。瓜生田砲台と中久保集落の距離は九〇〇メートルで、最大射程二六〇〇メートルの四斤山砲にとっては格好の標的である。薩摩軍は三月五日から間近に見える瓜生田砲台と谷越しの砲戦をつづけたものの攻略できず一二日には同所を引き上げ、宿地区に転陣した。

図47 ● 長窪山近くで採集した小銃弾
スナイドル銃弾は先端が中空構造なので、正面から石などに衝突するとリング状に潰れる。元の形がわからないほど変形したものもある。

図48 ● 長窪山越しに南方の三ノ岳を望む
資料館前の展望所から西方を見ると、左から右まで180度のパノラマで戦場がひろがる。見える範囲はすべて、田原坂の戦いの舞台である。

田原坂陥落きっかけの地

豊岡台地南端の橘木・立花木地区や重要陣地の七本柿木台場のある南部一帯は、植木と田原坂を結ぶ道がくの字に折れるところで、『従征日記』挿絵「野津少将等立花木塁上ニ在リテ田原阪略取ノ報ヲ得ルノ圖」の場所にあたる（図49）。

南部は、北の中久保地区とは深い谷で明確にわけられる。現状は開墾が進んだ畑地で、全体的にかなり削平されているようだ。

以前の耕作などの際には小銃弾や砲弾が多く確認されており、とくにタツホゲと称される凝灰岩が露出する地隙《ちげき》には、非常に多くの小銃弾、砲弾、スナイドル未使用弾が落ちていたという。立花木、七本柿木台場周辺では眼前に二俣台地がひろがり、その距離は近い。

図49 ● 田原坂陥落直後の薩摩軍陣地の状況
田原坂一帯での戦闘が終わり、肋骨軍服の政府軍士官たちが集まっている。旗をもって駆けているのは尉官の伝令使だろう。足元には稲藁土嚢の胸壁と小銃、刀、胴乱、弾薬箱などが散乱し、戦闘直後の状況を生々しく伝える。斃れた薩摩兵は20名ほどが描かれている。軍装のちがいもよくわかる。

第４章　地形で勝ち、地形に負ける

1　地形を読み解く

守るに易く、攻めるに難い

田原坂の薩摩軍がなぜ十七昼夜も持ちこたえられたのか、その理由はいくつかある。両軍の兵力、戦略や戦術、武器の限界など軍事史的側面から見るのが第一だろうが、ここでは、現場調査をとおして見た豊岡台地の地形から考える。

陸軍の公式記録である『征西戦記稿』附録地名箋の例言には「戦闘の勝敗は地形の優劣によって決まる」とある。田原坂本道周辺の地形が防御に優れている点、つまり地の利としては高所、樹枝状地形、連絡路の三点がある。兵力や物量に劣る薩摩軍が田原坂の戦いでは優勢であった大きな理由は、豊岡台地の地形を巧みに利用し、戦闘上での使い勝手のよさを最大限に引き出したことにある。

薩摩軍は田原坂本道封鎖という主目的のもと、各集落を中心として樹枝状地形を利用して陣を布いた。本道が通る三ノ坂一帯はもっとも重要な場所で、喉元の三ノ坂口をしっかり抑え、両側から圧を加えて本道を閉塞すれば、坂全体を抑えずとも政府軍の熊本城連絡を阻止できる。とくに三ノ坂上は本道、古道や間道の交差点で、連絡路を通っての兵卒の移動が容易で、少ない兵力で要所を固めることができる効率のよい場所である。これが最後まで本道突破を許さなかった地形的理由であり、多くの遺跡が形成された理由でもある。

地の利の三点とは

高所

高所からは下がよく見えるが、下から上は見えない。樹木があればなおさらである。高所から目視や双眼鏡で敵の動向を監視することは、戦いにとって必要不可欠である。豊岡台地のように高低差があり樹木でおおわれている場所では、低所からは兵卒の配置や行動、戦果の確認がしにくい。野津道貫《みちつら》大佐は吉次峠で「薩摩軍は山の上の樹林中に出没し、どこにいるかわからない。我軍は仰攻するも遮蔽物がなく、動きはすべて見られている。これが戦死傷者の多い理由である」と語った。高所が攻撃には圧倒的に有利であることは、現地に立つとよく実感できる（**図50**）。

現在であれば地図があり、直接見えなくとも地図をもとに行動できる。しかし、西南戦争当時は精度の高い地図はなく、両軍とも地形を調べる偵察や地元民に頼るいわば手探り状態であった。政府軍は三月九日に田原、二俣、横平山の地形と薩摩軍の動静を探偵した地図をもとに作戦を立てている。

田原坂本道周辺の戦いで薩摩軍が有利だったのも、台地を眼下におさめる横平山の争奪戦が激烈だったのも、熊本鎮台が籠城戦を戦いぬけたのも、視界と射界を確保でき、戦況を俯瞰することのできる高所の保持が戦闘を勝利に導く要因であった証である。

樹枝状地形

豊岡台地には北半部を中心に樹枝状に入り組んだ自然地形の小谷が二〇カ所ほどあり、比高は四〇〜六〇メートル、間口での幅は四〇、五〇メートルほどだが、上に行くにしたがってしだいに狭くなる（**図51**）。さらに、台地上の薩摩軍陣地に行きつくまでには狭い斜面を一〇〇〜三〇〇メートルほど登らねばならず、そのあいだにも両側の丘上から十字砲火を浴びる。谷底では兵卒は横にならんでの展開ができず縦列になり、個別に狙い撃ちされてしまう。まるで、中世山城の竪

図50●薩摩軍陣地の三ノ坂口調査地を下から見上げる
上方中央が両軍衝突の最前線。政府軍兵士になったつもりで下から見上げると、絶望的な気持ちになる。

堀である。小谷に入り込むと逃げ場のない袋のネズミ状態になるのは明らかで「天然の要害」といわれる理由である。

政府軍兵卒になったつもりで、谷底から小丘を仰ぎ見る。すると、上から見下ろしたときとはまったく異なる感覚に襲われる。怖い。両側には急斜面が間近にせまり、両丘上の薩摩兵から雷雨のように容赦なく銃弾を浴びせられる。弾雨になすすべなく、無事な兵卒などいるはずもない。

連絡路

台地中央を南北に貫通する三池往還は深い凹道で、通行しても西側低地はもとより瓜生田砲台からも姿は見えない（図54参

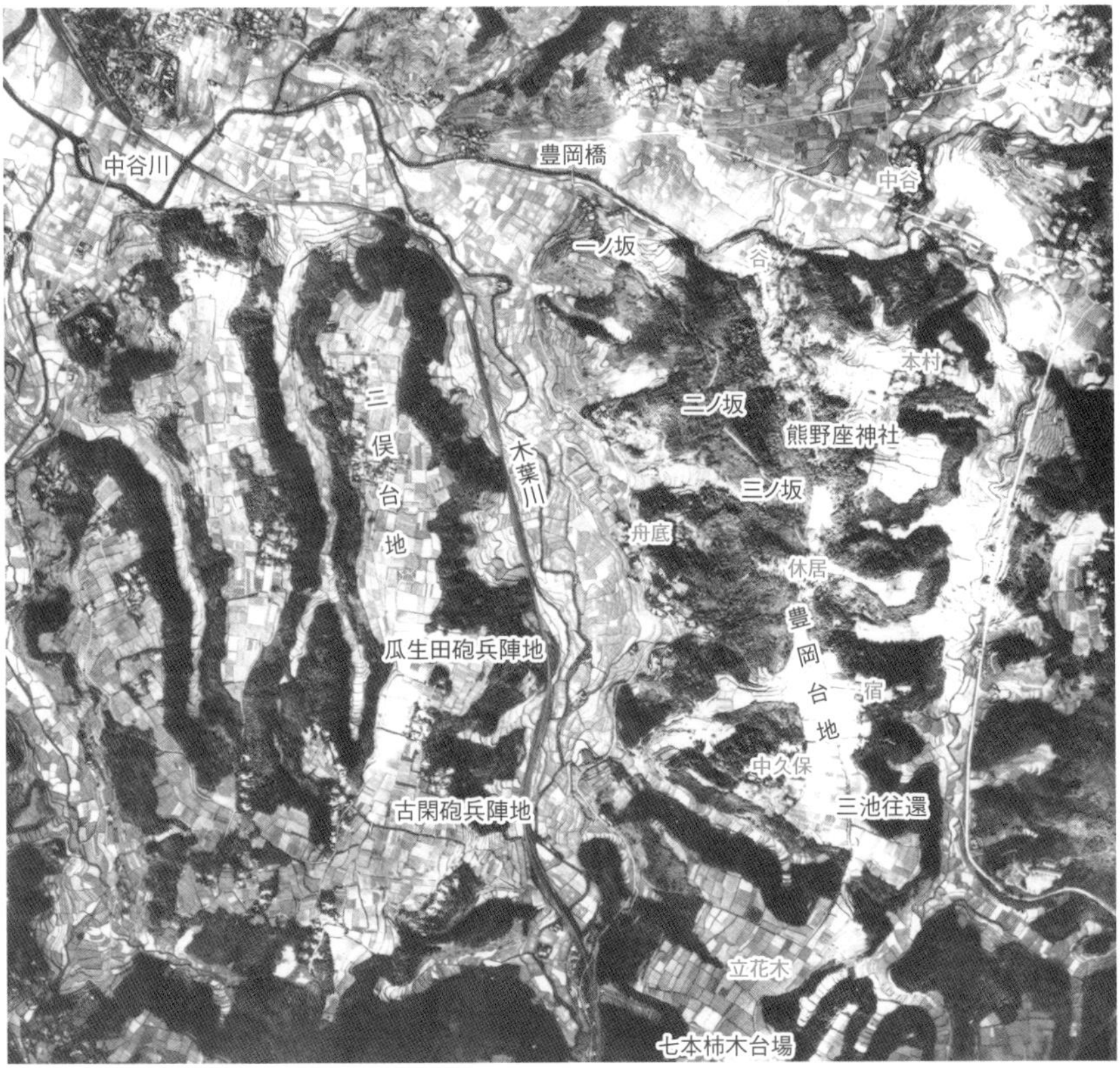

図51 ● 樹枝状地形（1947年11月、米軍撮影）
豊岡台地北半部は樹枝状で出入りが多く複雑な地形で、南半部や西の二俣台地とは対照的である。

照）。現地で観察すると、馬背状台地の中央を通らず東寄りを通るので、中央の高まりが邪魔してさらに見えない。結果として田原坂の戦いでは薩摩軍に利することになった。ただ、道筋はわかる。電信柱が道沿いに立っていたからである（図52）。

政府軍が西側からいくら攻めても、南北に台地を自由に行き来できる移動の容易さで、増援や退避、反転攻勢などに機敏に対応できる。碁石をならべたように点々とおびただしく築いた陣地や樹木や大岩のあいだを互いに呼応し、虎狼のように雄たけびを上げながら神出鬼没で戦ったとしたら、政府軍は混乱し大軍をもってしても苦戦することは想像できる。

往還は退避壕、物資の輸送路などの機能も兼ね備えており、陣地の中心主体と考えることもできる。ただ、往還は優勢なときには強い味方だが、いったん破られると一気に攻め込まれる両刃の剣のような存在であった。

図52 ● 二俣の政府軍側から見た豊岡台地
木葉川をはさんで、手前は二俣台地の政府軍陣地、奥が豊岡台地の薩摩軍陣地。手前に「大砲」六文字が記されているのは瓜生田砲台である。奥左に「田原坂」、奥右に「轟村」七本、下は中久保集落か。「植木往来」には電柱と電信線が描かれる。樹影は松だろう。

2 難攻不落、田原坂の実体

薩摩軍の陣地配置と役割

調査で明らかになった遺構や遺物から、豊岡台地の薩摩軍の陣地配置とそれらの役割を想定する（図53）。北の本村から南の七本柿木台場までは一・八キロ、東方三・五キロにある植木町は田原坂陣地の後方支援基地で、山鹿口の戦いにおける山鹿町や吉次峠の戦いの木留町も同様の役割であった。

北から順に、薩摩軍右翼の三ノ坂口・本村地区・熊野座神社一帯の陣地は、本道右側からの圧迫と北面守備の役割をもつ。ついで坂上にある休居地区・公園北半部の陣地は、中央で本道左側からの圧迫と西面および東面守備の任につく。その南にある左翼の公園南半部・宿地区・中久保地区一帯の陣地は、二俣台前面に対して砲戦をつづけた拠点であり、南北の中間地点という立地を生かした兵站の現地出張所、あるいは集落のない立花木地区の兵卒の待機や休養場所の役割が想定できる。もっとも南の橘木・立花木地区や重要陣地の七本柿木台場は、二俣台や南側からの攻撃を防ぎつつ植木町からの補給路を確保し、中心陣地である本丸の三ノ坂一帯への直接的な攻撃を防ぐ二の丸的役割を担っていたと考えられる。

田原坂陥落の地形的要因

田原坂の戦いでは、後に政府軍のおもな攻撃目標は田原坂本道方面から七本柿木台場一帯の

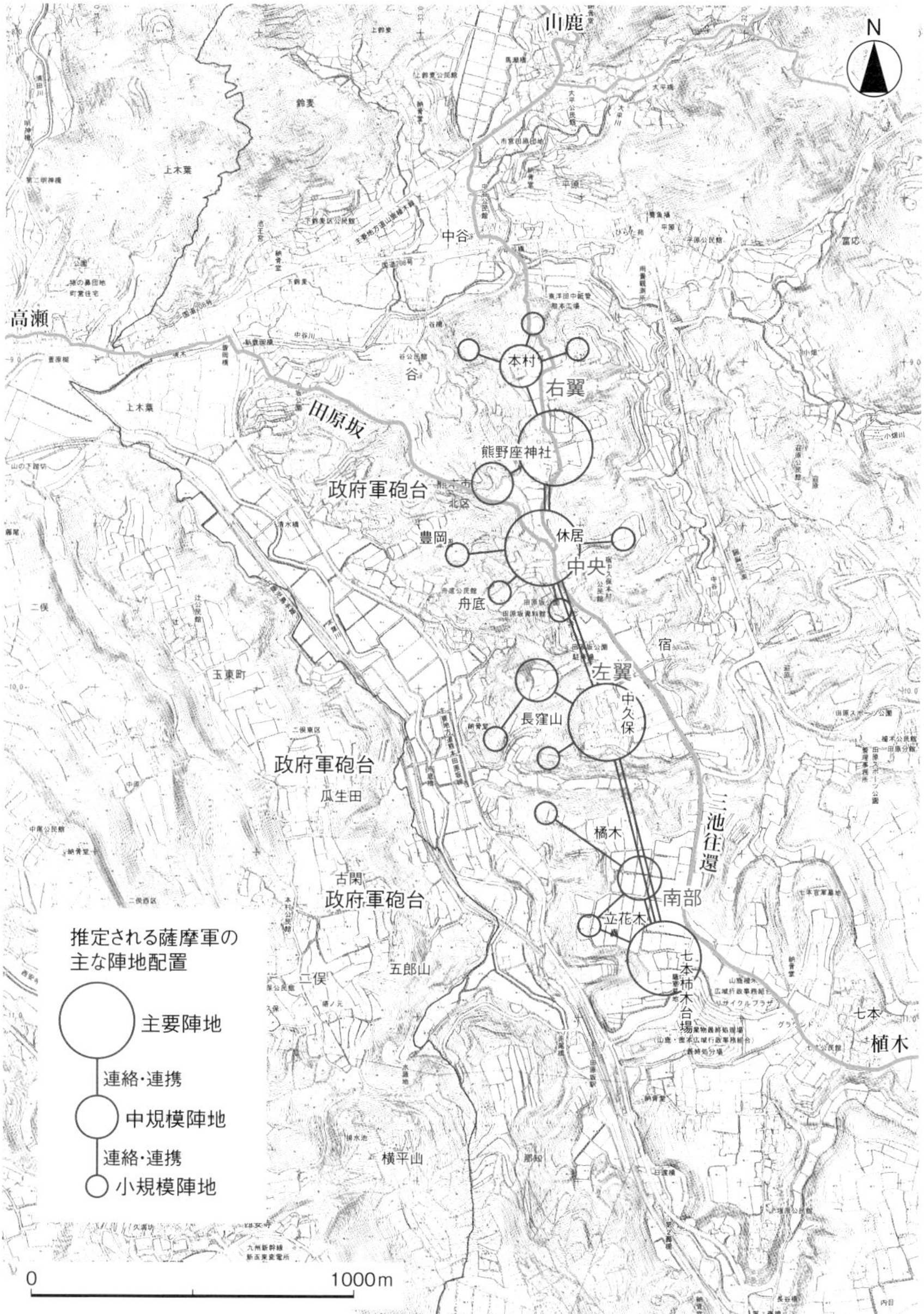

図 53 ● 推定される薩摩軍のおもな陣地配置と役割

右翼：本村や熊野座神社一帯。本道右側の圧迫と北面守備。
中央：休居と公園北半部一帯。本道左側の圧迫と東面、西面守備。
左翼：公園南半部から中久保一帯。西面守備、中央と南部の援護や兵站。
南部：立花木や七本柿木台場一帯。補給路確保、西面と南面守備。

豊岡台地南部になった。本道方面は薩摩軍に地の利があって防御が固く兵力を損耗するばかりであり、連絡路や輸送路としての三池往還の寸断による本道周辺の主要陣地への圧迫と孤立を企図したものと考えられ、予定になかった東京警視抜刀隊を投入してでも戦況の打開を図る必要があった。これらの作戦の立案、実行にはたび重なる攻撃と周辺探索によって取得した地理情報が大きな力を発揮した。

薩摩軍も七本柿木台場は、戦いを左右する重要な場所であることを認識しており、多数の兵員を配置した。政府軍の野津少将たちが立花木地区で田原坂陥落の知らせを受けとった状況を描いた薩摩軍陣地の図は、このことを伝えている。この図は街道近くの後塁の状況を描いたものらしく、台地縁辺近くには前塁があったのだろう。

南部が破られたのは、北部よりも小谷で細分されておらず地形が単純で、平場が広く少数兵で守るには不利である点、かつ低地との比高は北部九〇メートル、南部六〇メートルほどで高低差が少なく攻め込まれやすい点があり、防御に地の利を得にくかったためと思われる。この地形の南北差が、田原坂本道は落ちなかったものの、七本柿木台場が落ち、全体として薩摩軍が撤退せざるを得なかった地形的要因と考えられる。

図54 ● 凹道の三池往還（南より）
拡幅工事で当時より道幅はかなり広くなっている。3月20日、七本柿木台場を落とした政府軍は、北方の三ノ坂にむかってこの道をそろりそろりと進んだのだろう。

第５章　そして、音は消えた

1　田原坂にまつわる虚と実

無人の台地を風が吹き抜ける。子どもをおののかせ、正気を失わせるほどの雷鳴のごとき砲声や野山にこだまする吶喊《とっかん》の怒号、銃声、斬り結ぶ剣戟《けんげき》の響きは、もうない。そのうち、土地に染みついた火薬や血のにおいも消え失せ、土や木々のなかの弾丸と記録と記憶だけが残った。田原坂の戦いは西南戦争最大の激戦だったため、そのぶん誤った言い伝えも多い。しかし、各種の調査を通じて、田原坂の戦いのほんとうの姿が見えてきた。

かちあい弾

田原坂激戦の象徴として知られる、銃弾が空中で衝突したとされる既存のいわゆる「かちあい弾」（図56）。これは個々は真物の小銃弾であるが、出土地や出土状況が不明なうえ、接着剤で固めてあり、観察と正当な評価がなされていない激戦の「イメージ」そのものである。

個々は真物でもそれらを組み合わせて別物をつくるのは、偽造という。著しく変形した小銃弾は、戦場であれば多くの場所で出土する。ただ、「真物かちあい弾」は未発見だが、存在する可能性は残されている。

雨、大砲、赤帽

一に雨、二に大砲、三に赤帽。この三つは薩摩軍が苦手にしたものと伝わる。

雨は田原坂の戦い一七日間のうち六日間で、最終日の二〇日は大雨だった。

雨が戦闘に直結するものとしては軍服がある。イメージとしての軍服は政府軍はラシャ地で洋装、薩摩軍は木綿地の和装なので雨天では不利とされた。しかし、両軍の相違は統一された洋式軍装か、統一されていない和洋混在軍装かの

図55●本道坂上の台上にたたずむ崇烈碑
建碑当時は田原坂記念碑と呼ばれていた。八代白島産純白の大理石製である。太平洋戦争終戦までは、日本帝国陸軍最初の戦勝記念碑として、武運長久を祈る出征兵士が訪れていたという。しかし、戦後には荒れ果て、玉垣がない姿がしばらくつづいた。

ちがいだけである（**図20参照**）。政府軍は士官のみがラシャ地で兵卒は木綿の小倉服、薩摩軍は陸軍旧正服、海兵服、小紋股引《こもんももひき》などの洋装和装が入り混じり、諸隊長は概ね洋装であった。田原坂公園北半部調査地の仮埋葬壙出土の金ボタンがその一端を示している。

足元は両軍ともに、戦場では草鞋《わらじ》である。草鞋は軽くて動きやすいが、とくに雨のなかの野山を駆けまわる戦場ではすぐに切れたり履き潰されてしまうので、供給が追いつかなかった。

小銃については、薩摩軍が主用したとされるエンフィールド銃は前装の旧式で雨に弱く、これがもとで戦いに負けたというイメージがひろがっている。しかし、薩摩軍はスナイドル銃をさかんに用いたことが調査で明らかになったし、政府軍もエンフィールド銃を弾薬節約のため使用している。

たしかにエンフィールド銃は火薬が濡れれば

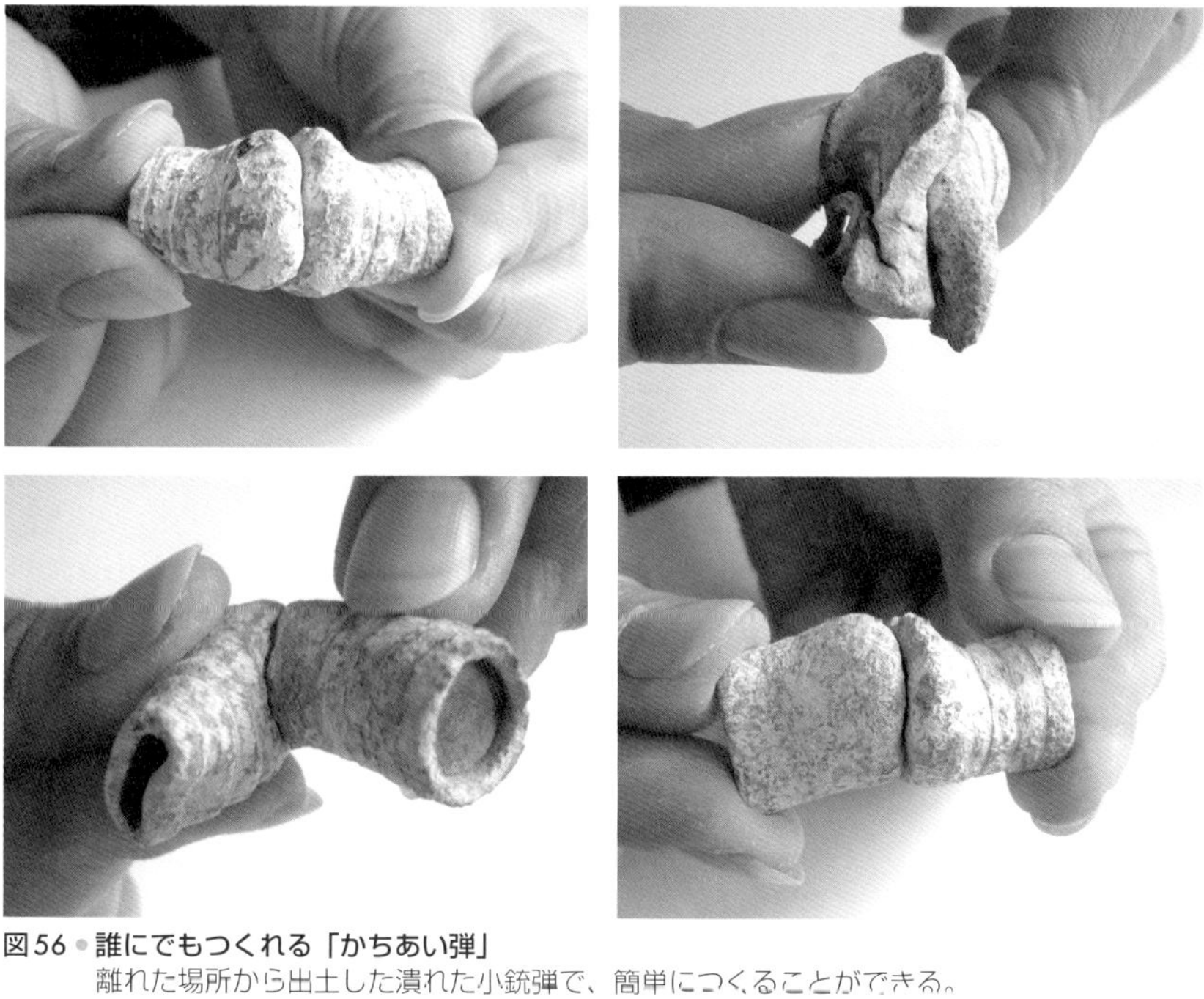

図56 ● 誰にでもつくれる「かちあい弾」
離れた場所から出土した潰れた小銃弾で、簡単につくることができる。

不発になるが、弾込めは横位でも斜位でも柵杖を使わずともできるので、なんらかの手立てを講じながら発砲し戦ったのは当然だろう。豪雨なら別だが発銃動作を素早くすることも雨対策になるし、簡単な庇状のものは古写真にも写っている。

大砲の装備数は政府軍が多く、薩摩軍は少ない。この差は発掘現場にも砲弾片の出土数としてあらわれる。また、不発弾もある。田原坂の戦い前日の三月三日に野津少将の近傍に薩摩軍の二発が落ちたが不発で、「製造ノ粗ナルナリ」の記事がある。熊本城攻防戦でも薩摩軍の不発弾は相当数あったことが熊本鎮台の戦闘日記に見え、四斤砲弾やブロードウェル砲弾の出土例もある（図57）。砲弾は着弾し爆発すると火煙や土煙が上がるので目視で確認できたと思われ、薩摩軍の苦手と伝えられるようになった一因には、数の少なさだけでなく不発弾の多さもあったと考えられる。

図57 ● 薩摩軍が発砲した砲弾
熊本城飯田丸出土のブロードウェル砲弾の不発弾。籠城中の熊本鎮台は砲弾が欠乏し、薩摩軍の不発弾をあつめて撃ち返したという。

赤帽とは近衛兵のことで、鎮台兵の黒色ラシャ地帽と異なる赤色ラシャ地帽の全国鎮台からの選抜兵である。天皇守護が本来の任務で、警視隊と同様に士族も多く士気は高かった。田原坂の戦いにも参戦し、死傷者も多い。参軍山縣有朋は高瀬の戦い後に「近衛兵ハ賊ノ最モ畏ル所ナリ」と打電しており、非常に頼りになる存在だったのである。戦後には薩摩軍隊長の野村忍介は赤帽を恐れたというのは本当かとの問いに、「如何ニモ赤帽ノ方強キ様ニ見エタリ」と答えた。

東京警視抜刀隊

日本刀最後の実戦、西南戦争。東京警視抜刀隊は白刃一振のみで田原坂の戦いを変えた。七本柿木台場に「戊辰の復讐！」と叫びながら斬り込んだとされ、旧会津藩など戊辰戦争で薩摩に踏みにじられた遺恨を晴らすとの逸話は広く知られている。

のちの陸軍大将、会津人柴五郎も若いころ「芋（薩摩）征伐仰せ出だされたりと聞く、めでたし、めでたし」と記し、兄四朗も「今日薩人に一矢を放たざれば、地下にたいし面目なしと考え」従軍した。元会津白虎隊士中一番隊の別働第三旅

図58●錦絵「賊徒之女隊勇戦之図」（部分）
警視抜刀隊が戦う相手は薩摩女隊である。錦絵は実際を描写しているものがある半面、架空の事柄を題材にしたものも多い。錦絵は虚と実が混ざり合い、人びとにひろがっていった。

団三等巡査窪田重太のような人物もいる。そこから抜刀隊は元東北諸藩士で構成されたかのようなイメージがある。

しかし、人数内訳では、三月一四・一五日の警視抜刀隊のべ二〇〇名ほどのうち、出身地が判明した四五名中に東北地方出身者は一四名、うち福島県出身者七名、対して鹿児島県出身者は一六名であり、福島県出身者は必ずしも多くはない。他は全国各地の士族である。三月下旬には士族が多い巡査で別働第三旅団が編成され、五月には別働第一旅団にも「各府県剣客ニ成ル」遊撃別手組を組織して一九一名を編入した。士族の、武士としての最後も西南戦争であった。

2　イメージからリアルへ

戦争に学び、平和を知る

西南戦争は日本が幕末維新期以来、受容してきた西洋からの洗礼の集大成であった。戦術や銃砲弾薬類は西洋諸国からの輸入品が多く、戦傷者の救護理念は近代ヒューマニズムの原点として、その後に大きな足跡を残した。田原坂の戦いは凄惨をきわめ、これがきっかけになって日本赤十字社の前身である博愛社が生まれ、田原坂は日本赤十字社発祥の地になった。

今後の調査研究には西洋諸外国との比較検討の視点が必要になる。たとえば、各国駐在武官の本国への報告と反応は近代初期の日本と世界の姿を映し出すだろうし、戦跡調査では先進地の欧米との連携や共同研究などが不可欠になろう。

戦争遺跡を調査し保存し整備して後世に伝えることの意義は、多くの人々の記憶にとどとめ、戦争の悲惨さや人命の尊さを学び、平和を希求すること、地域の歴史の再構築にある。ただ、課題は多い。戦跡は一般的に広い。周辺景観の維持保全、居住地や農地との連携などが重要であるし、狭い空間だけの記憶装置たる公園などの範囲内だけにとどまるものでもない。戦争遺跡をどう記憶し、どうやってつぎの世代に継承していくのか。保護・保存の視点や仕組みの転換が必要なのかもしれない。

考古学は強い

田原坂の戦いについては、従来は伝聞や伝承などのイメージばかりが先行して、戦いについての具体的な調査や情報が不足していてよくわかっていなかった。田原坂の戦跡調査は近年はじまったばかりであり、わからないことのほうが多い。今後は全容を解明するために考古学、文献、軍事史の各面からの継続調査が必要不可欠である。

イメージからリアルへの進化には、考古学が大きな力を発揮する。考古学は客観資料を提示できるので強い説得力があり、従来の考えの検証や修正、新しい知識の追加が可能である。田原坂調査で、近代の戦争遺跡でも考古学の強みを発揮できることが実証された。こうした着実な事実の積み重ねが具体的な戦争の実態をあぶり出し、「イメージの田原坂の戦い」は「リアルな田原坂の戦い」へと姿を変えることだろう。

西南戦争や田原坂の戦いをもっと深く知るために

川口武定　一八七八『従征日記』青潮社復刻（一九八八）

参謀本部陸軍部編纂課　一八八七『征西戦記稿』青潮社復刻（一九八七）

加治木常樹　一九一二『薩南血涙史』青潮社復刻（一九八八）

陸上自衛隊北熊本修親会　一九七七『新編西南戦史』原書房

鹿児島県維新史料編さん所　一九七八『鹿児島県史料』西南戦争第一～四巻　鹿児島県

勇　知之　一九八九『日録・田原坂戦記』熊本出版文化会館

中村稲男編　一九九〇『歴史のはざまに』西南の役田原坂資料集　植木町

西南戦争を記録する会　二〇〇二～一二『西南戦争の記録』第一～五号

高橋信武ほか編　二〇〇九『西南戦争戦跡分布調査報告書』大分県教育庁埋蔵文化財センター

中原幹彦編　二〇一一～一五『田原坂』Ⅰ～Ⅴ　熊本市教育委員会

宮本千恵子編　二〇一二『玉東町西南戦争遺跡調査総合報告書』玉東町教育委員会

熊本市　二〇一五～二一『年刊田原坂』vol.1～7

中原幹彦　二〇一六「西南戦争遺跡の発掘調査」『軍事史学』五二―三　軍事史学会

高橋信武　二〇一六『西南戦争遺跡の考古学的研究』吉川弘文館

謝辞

発掘調査や報告書作成は担当者一人ではできない。現場では発掘員の方々、報告書作成では文化財資料室の皆さんが頑張ってくれたし、これからも頑張ってくれると思う。

戦争遺跡の調査では通常とは異なり、理解のためには軍事的知識や考え方を要求される。はじめはうまく呑み込めず、とまどいながら調査を進めていくと次第に頭のなかの糸がつながっていった。

日頃よりご指導いただいている日本大学教授淺川道夫氏、陸上自衛隊防衛研究所斎藤達志氏、西南戦争研究者鈴木徳臣氏からは軍事史的な見方を教わった。また、熊本市役所の黒田裕司氏、美濃口雅朗氏、増田直人氏には普段から種々教示を受けているし、西南戦争研究会の皆さんのお陰もあり本書が成った。深く御礼申し上げます。

熊本市 田原坂西南戦争資料館

- 熊本市北区植木町豊岡858―1
- 電話 096(272)4982
- 開館時間 9:00～17:00(入館は16:30まで)
- 休館日 12月29日～1月3日
- 入館料 一般(高校生以上)300円、小・中学生100円
- 交通 JR鹿児島本線植木駅から車で10分、JR熊本駅から車で約40分、九州自動車道植木インターから車で約15分

田原坂西南戦争資料館

国内最後の内戦である西南戦争の記憶と記録を保存し保管して展示し、田原坂の戦場と一体となって未来につなぐ資料館。コンセプトは「愛と平和」。激戦の資料館のある田原坂公園には、激戦の跡が生々しい弾痕の残る家(復元)や慰霊塔もある。

『年刊 田原坂』

熊本市が発行する西南戦争や田原坂西南戦争資料館に関する冊子。表紙のイラストは史実に基づき細部にこだわって描く。内容も充実。無料配布。

『年刊　田原坂』

田原坂見学コース

田原坂へ行くには、おススメのコースが二つある。一つはJR鹿児島本線木葉駅で降りて徒歩で目指すコース。一九〇〇年(明治三三)の鉄道唱歌山陽九州編「かの西南の戦争に　その名ひびきし田原坂　見に行く人は木葉より　おりて道きけ里人に」とあるように王道コースだ。

木葉駅周辺は見どころが満載である。高月官軍墓地、病院跡で日本赤十字発祥地の正念寺や徳成寺など。さらに二俣台地の瓜生田砲兵陣地や横平山まで足をのばしてもよい。田原坂は一ノ坂から三ノ坂上まで徒歩がベスト。裏道に入り込むと、田原坂のディープな世界がひろがっている。

二つ目は田原坂駅で降りて、七本柿木台場を通って田原坂へむかうルート。東京警視抜刀隊がひそかにたどった道を迷いながら歩くのも悪くない。いずれも一日かけてゆっくりと巡りたい。歩くには『植木・玉東戦跡ガイドマップ』が便利である。

遺跡には感動がある

――シリーズ「遺跡を学ぶ」刊行にあたって――

「遺跡には感動がある」。これが本企画のキーワードです。

あらためていうまでもなく、専門の研究者にとっては遺跡の発掘こそ考古学の基礎をなす基本的な手段です。また、はじめて考古学を学ぶ若い学生や一般の人びとにとって「遺跡は教室」です。

日本考古学では、もうかなり長期間にわたって、発掘・発見ブームが続いています。そして、毎年厖大な数の発掘調査報告書が、主として開発のための事前発掘を担当する埋蔵文化財行政機関や地方自治体などによって刊行されています。そこには専門研究者でさえ完全には把握できないほどの情報や記録が満ちあふれています。しかし、その遺跡の発掘によってどんな学問的成果が得られたのか、その遺跡やそこから出た文化財が古い時代の歴史を知るためにいかなる意義をもつのかなどといった点を、莫大な記述・記録の中から読みとることははなはだ困難です。ましてや、考古学に関心をもつ一般の社会人にとっては、刊行部数が少なく、数があっても高価なその報告書を手にすることすら、ほとんど困難といってよい状況です。

いま日本考古学は過多ともいえる資料と情報量の中で、考古学とはどんな学問か、また遺跡の発掘から何を求め、何を明らかにすべきかといった「哲学」と「指針」が必要な時期にいたっていると認識します。

本企画は「遺跡には感動がある」をキーワードとして、発掘の原点から考古学の本質を問い続ける試みとして、日本考古学が存続する限り、永く継続すべき企画と決意しています。いまや、考古学にすべての人びとの感動を引きつけることが、日本考古学の存立基盤を固めるために、欠かせない努力目標の一つです。必ずや研究者のみならず、多くの市民の共感をいただけるものと信じて疑いません。

二〇〇四年一月

戸沢充則

著者紹介

中原幹彦（なかはら・みきひこ）

1957年、熊本県生まれ。

國學院大學文学部卒業。

現在、熊本市立熊本博物館学芸員。考古担当。

おもな著作　「熊本県竜北町物見櫓古墳出土の陶質土器」『久保和士君追悼考古論文集』（今田治代氏との共著、同刊行会、2001）、「平底瓶と提瓶」『肥後考古』13（肥後考古学会、2005）、「石棺輸送と製塩土器祭祀に関する試論」『大王の棺を運ぶ実験航海―研究編―』（石棺文化研究会、2007）、「熊本博物館所蔵の西南戦争関連遺物その1」『熊本博物館報』32（熊本博物館、2020）、「立田山古墳群の再検討その1」『熊本博物館報』33（熊本博物館、2021）ほか。

●写真提供（所蔵）
熊本博物館：図8・15（熊本城顕彰会所蔵）・57／熊本市教育委員会：図2・3（上）5・6・19・20・23・24・30～33・36～38・41～44・55・56・58／八代市教育委員会：図10／『火砲の発達』：図3（下）／『THE SNIDER-ENFIELD RIFLE』：図18

●図版出典（原図、一部改変）
図4・7・22・25・27・29・34・35・51・53：『田原坂』報告書／図12：国土地理院20万分の1地勢図「熊本」／図28：『明治十年西南戦役田原吉次植木戦跡図』（部分）／図40：現地説明板／図49：『従征日記』挿絵／図52：『鹿児島県史料　西南戦争第1巻』

上記以外：著者

シリーズ「遺跡を学ぶ」153
西南戦争のリアル　田原坂《たばるざか》

2021年 12月 15日　第1版第1刷発行

著　者＝中原幹彦
発　行＝新 泉 社
東京都文京区湯島1－2－5　聖堂前ビル
TEL 03（5296）9620 ／ FAX 03（5296）9621
印刷／三秀舎　製本／榎本製本

ISBN978－4－7877－2133－4　C1021

新泉社

シリーズ「遺跡を学ぶ」

047
戦争遺跡の発掘　陸軍前橋飛行場
菊池　実　1500円+税

近年、アジア太平洋戦争時の基地や防空壕、軍事工場などの「戦争遺跡」の調査・見学が各地で盛んに行われるようになった。戦争末期に特攻隊の訓練基地ともなった陸軍前橋飛行場のケースから、戦争遺跡の考古学が当時の歴史を語る上で多大な役割を果たすことを訴える。

096
鉄道考古学事始　新橋停車場
斉藤　進　1500円+税

東京の街にいまだ江戸の面影が残る一八七二年（明治五）の秋、一台の蒸気機関車が文明開化の夢をのせ、汽笛を鳴らしプラットホームを滑りだした。近代日本の玄関口として多くの人びとが旅立った新橋ステーションの姿を発掘された鉄道関連遺構・遺物から描きだす。

137
沖縄戦の発掘　沖縄陸軍病院南風原壕群
池田榮史　1600円+税

沖縄戦のさなか、那覇市の南となり南風原（はえばる）町に、沖縄陸軍病院の地下壕群がつくられた。「ひめゆり学徒隊」も看護助手として動員され、米軍の爆撃にさらされながらも負傷兵を収容し治療にあたった。壕の発掘調査から戦争の実態を後世に伝える戦跡考古学の実践。

139
ドイツ兵捕虜の足跡　板東俘虜収容所
森　清治　1600円+税

第一次世界大戦時のドイツ兵捕虜を収容した板東俘虜収容所。そこでは捕虜たちが印刷所や菓子店を開き、コンサートやスポーツ活動を盛んにおこない、製パン技術や楽器演奏法が地元住民に伝授された。戦時下でありながら、互いを認めあい、生まれた豊かな文化の姿を追う。